大清：帝国夕照

张逸尘 编著

河海大学出版社
HOHAI UNIVERSITY PRESS
· 南京 ·

图书在版编目（CIP）数据

大清：帝国夕照 / 张逸尘编著． -- 南京：河海大学出版社，2021.3
ISBN 978-7-5630-6680-3

Ⅰ．①大… Ⅱ．①张… Ⅲ．①中国历史－清代－普及读物 Ⅳ．① K249.09

中国版本图书馆 CIP 数据核字（2020）第 266171 号

书　　名 / 大清：帝国夕照
　　　　　 DAQING：DIGUO XIZHAO
书　　号 / ISBN 978-7-5630-6680-3
责任编辑 / 毛积孝
特约校对 / 董　瑞
装帧设计 / 刘昌凤
出版发行 / 河海大学出版社
地　　址 / 南京市西康路 1 号（邮编：210098）
电　　话 /（025）83737852（总编室）
　　　　　/（025）83722833（营销部）
经　　销 / 全国新华书店
印　　刷 / 三河市元兴印务有限公司
开　　本 / 660 毫米 ×960 毫米　1/16
印　　张 / 15.25
字　　数 / 218 千字
版　　次 / 2021 年 3 月第 1 版
印　　次 / 2021 年 3 月第 1 次印刷
定　　价 / 69.80 元

总论

公元1644年，清军入关，建立了对中原地区的统治，成为一个全国性质的政权，也揭开了我国历史上最后一个封建王朝的序幕。

严格来说，清朝的建立不能忽略努尔哈赤在东北时期的后金政权，它可以说是清朝的"前身"，是清朝的草创阶段。这一时期统治者的愿望主要是统一女真族，攻打明朝，奠定清朝以后的基业。到皇太极时期，又废除了女真的族名，改为"满洲"，正式将国号定位"清"，草创了清朝的制度，建立了以议政王大臣为中心的中央集权制度。在对明的战争中也逐渐取得优势地位，最终于1642年取得松锦大捷，破坏了明朝在东北一带的防御体系，为清军进入山海关，统一全国打下了基础。

入关后，顺治帝成为第一个入主中原的清帝。彼时满人和汉人之间的芥蒂还很深，南方还有部分地区依然在明朝流亡政权——南明的掌控之中，这一时期统治者的主要愿望是统一全国。为了缓和与汉人的矛盾，顺治帝下令废除了严苛的逃人法，并禁止旗人在直隶地区进行圈地运动。同时放宽了上疏的条件，汉人只要拥有侍郎的官职便同样可以上疏。

但顺治帝并没有把这份统一大业继续下去，便撒手人寰了。年仅八岁的康熙帝登基，在孝庄太皇太后的辅佐下，小皇帝成长很快。他在位期间，不仅收复了台湾，统一全国，还在一定程度上拓展了中国的领土，将新疆南部地区纳入中国的领土版图中来。

中国的经济在这一时期也得到快速发展，苏州、杭州地区的手工业、小商品经济得到恢复。康熙帝还制定了一系列有利于经济恢复的制度，顺治时期下令废除的圈地运动得到永久废止，垦荒土地起科征税的年限也被延长，如若在垦荒方面颇有成效，还可授予一定的官职。也是在康熙帝时期，将丁税固定下来，为此后雍正帝实行摊丁入亩的改革奠定了经济基础。

雍正帝继位后，意在修正康熙帝晚年在吏治上的一些错误，皇权也在这一时期更加集中，密折制度应运而生，掌管大权的地方大员和中央官员可通过专人直接呈送给皇帝。军机处也是在这一时期诞生的，后期可以直接为皇帝草拟诏书而不经过六部。为了解决持续增长的人口与土地的矛盾，雍正帝推行了摊丁入亩制度。

康熙帝以后，清朝在全国的统治逐步稳固，可以说雍正、乾隆时期的政策都是在这一时期颁行制度的基础上修修补补，以求统治稳固。后世也常把这一阶段统称为"康雍乾盛世"。

这一时期，统治者的鼓励政策带来了明显的成效。大量荒地得到开垦，耕地面积扩大。到乾隆末年，全国的耕地面积已经有十亿亩之多了。随着田地的增多，农作物的品种和种植方式得到改良，多熟制度得到推广。广东地区在早稻和晚稻收获的间隙会种植甘薯、油菜等作物，而一些土地贫瘠的地方如江西地区也会种荞麦，如此一来，当时全国粮食增产在六十亿公斤以上。

随着粮食产量增加的却是日益严苛的文字狱，虽然这一时期对汉族知识分子的重视程度超过了清朝初年，却加重了对他们的思想控制。以康熙年间的编修明史为起点，到乾隆年间的"伪稿案"，三朝一共大约发生了二百多起文字狱，仅乾隆一朝就发生了一百多起。这些文字狱多是以污蔑清朝或者当朝统治者为由，当事人及其亲朋动辄被处以流放或者族灭之刑。有时兴起的文字狱也是为了巩固皇权，比如雍正年间的年羹尧案，便是雍正帝为了扳倒权臣年羹尧而兴起的一场"冤案"，仅仅因为年羹尧把"朝乾夕惕"写成了"夕惕朝乾"。

正是由于这一时期的文化高压，汉人们只能埋头研学，考据学得到了空前发展。以惠栋、戴震为首的学者梳理了历代文化典籍，整理了许多晦涩难懂的古籍，通过注疏、校勘等手段对古籍进行整理考据，以达到去伪存真、正本清源的目的。

古典小说里的长篇章回体小说也得到了长足发展，一批揭露现实黑暗，反映封建压迫的作品就诞生在这个高压时期。比如揭露八股取士对举人压迫的《儒林外史》和反映封建家族兴衰的《红楼梦》。《红楼梦》成为我国古典长篇小说的巅峰。

这一时期西来的科学技术也得到了皇帝的重视，康熙时期，西方传教士利用当时最先进的测绘方法绘制了《康熙皇舆全览图》，被誉为当时地理学的最高成就。在皇帝的推崇下，各地传教士得以在地方自由传教。

嘉道时期，其后续继承人再无锐意革新之志，只知道抱缺守残，一味按照祖宗之法进行改革。对比西方依靠科技革命和制度革新崛起的近代新式国家，清朝宛如一轮即将坠落的夕阳，勉强发出余晖照亮大地。

嘉庆初年，嘉庆帝做得最大的一件事便是扳倒和珅，接管了他相当于国库十年收入的贪污家底，随后便是看似严厉的吏治整顿和厉行节俭，但这些都没能减缓清王朝一直向下坠落的速度。土地兼并日益严重，加上自乾隆末年盛行的奢侈腐败风气，百姓无地可耕，粮食价格持续上涨，还要面临缴纳赋税时的层层盘剥，生计难以维持。一些手工业者虽然不耕作，但在手工作坊中劳作也要遭受雇主的剥削。如此一来，阶级矛盾愈发突出。全国各地爆发了各种起义，以川楚白莲教起义尤为突出。

这一时期，在八旗子弟中刮起的奢侈风影响也颇为深远。这些躺在祖先功劳簿上的"贵族子弟"只会遛鸟赌博，把骑射技艺抛到了脑后，乾隆末年鸦片的流入更是严重削弱了他们的战斗力。于是，在全国各地的起义此起彼伏的时候，这些孱弱的八旗子弟只会逃跑，根本不听指挥。

道光年间，吏治进一步败坏，道光帝显然也不是一个敢于挑战祖制权威的皇帝。在他统治的时期，中国闭关锁国，只留了广州十三行一个口岸。纵观全国，上至封疆大吏，下到普通百姓，皆弥漫着一股腐烂的味道，还伴随着鸦片烧起时袅袅的烟雾。而中国的大门就是在这一时期被西方资本主义列强一炮轰开了，门户洞开带来的并不是平等自由的贸易，而是逐渐丧失的独立性和海关关税。

此后，从咸丰帝到光绪帝，从第一次鸦片战争到八国联军侵华战争，中国更迭的不只是一个个的清朝皇帝，更是一片片无法收回的土地和独立自主的各种权利。晚清的历史从此翻开，句句带泪、字字泣血的是近代中国难以忘却的耻辱，也就是在这一个个条约、一场场没有胜算的战争中，中国人民逐渐觉醒，开始了为争取独立自主的一次次尝试，这才有了洋务运动、戊戌变法。

尽管这些尝试走向资产阶级的改革均以失败告终，但它们依然寄托着中国人民的希望和曾经的努力。直到辛亥革命时武昌起义那一声枪响，终结了清王朝的生命，也结束了中国两千余年的帝制时代。

目　录

1

目　录

目 录

3

目　录

目 录

目录

目录

7

目 录

目录

11

清初：从东北一隅到中原定鼎

努尔哈赤的崛起

明朝永乐年间，为了牵制元朝在北方的残余势力，朱棣决定利用在其东北地区的女真族。先后在这里设置了辽东都指挥使司和奴儿干都司，下属卫所机构逐渐发展为建州三卫，其首领一直都是由女真族首领担任，努尔哈赤的祖先就曾担任过建州卫的左都督。

后期北方的瓦剌部一度十分强大，建州女真不得不南迁至赫图阿拉。此后，以赫图阿拉为中心，逐步分成了建州卫、建州左卫和建州右卫。它们虽然都是女真部族，却不相互归属，当时合称"建州三卫"。

明嘉靖三十八年（1559），努尔哈赤就是出生在三卫之一的建州左卫，他的父亲是一个部族的小酋长。女真部族之间还没有统一，同时还要面对其他部族的袭击，打仗成了家常便饭。当时担任辽东总兵的是李成梁，他正是利用部族之间的矛盾来维持辽东地区的平衡。努尔哈赤虽然祖上曾经荣光一时，但到了他这一代，日子过得十分艰难。分家以后，努尔哈赤和弟弟们也只能依靠上山捡人参拿去贸易度日。聪慧的他在常年的北方贸易中，不仅学会了蒙语，对汉语也略为精通。虽然贫穷，但努尔哈赤喜读兵书，还特别喜欢看《三国演义》。

万历十一年（1583）对于努尔哈赤来说，是转折的一年。这一年，他的祖父和父亲卷入明军平叛的战火中去世了。早在万历二年（1574），建州右卫指挥使王杲叛明，李成梁入建州平叛，踏平了王杲的城寨，并诛杀之。其子阿台欲为父报仇，率领残部屡次偷袭明军驻地。到万历十一年，李成梁出兵包围了阿台的驻地古勒城。

阿台的妻子是努尔哈赤的父亲塔克世的侄女，他不想让侄女受到牵连。于是同自己的父亲，还有王杲的亲家觉昌安一道悄悄潜入古勒城，企图劝说阿台归降明朝，停止反抗。岂料图伦城主早已与明军里应外合，在城中散布"杀死阿台者，可任古勒城主"这样的言论。城中一时军心动摇，有部分士兵开始自乱阵脚。这就给了李成梁攻入古勒城的机会，城中顿时大乱，努尔哈赤的祖父和父亲来不及逃跑，死在了明军的刀下。

这件事可以说是努尔哈赤恨明朝的根本原因，也是他发出"七大恨"全部内容的来源。明军平叛后，大肆封赏了尼堪外兰，并封他为"满洲国主"。有了明朝的加持，尼堪外兰收获人心甚众。而将尼堪外兰和明朝视为仇敌的努尔哈赤在建州成了众矢之的，本来被抓住当成叛军处理，最后却被明廷放归了建州。此后，努尔哈赤立下了统一建州，进攻明朝的宏愿。

努尔哈赤攻打尼堪外兰

对于误杀建州女真部族的首领一事，明廷除了归还努尔哈赤祖、父遗体，颁布三十道敕书，封他为建州都督，并给予马匹三十匹外。关于为何要杀其父祖，明廷并没有给努尔哈赤想要的答案。于是努尔哈赤便收拣出了父、祖遗留的十三副铠甲，重整其父遗留下来的旧部如安布禄、安费扬古父子等。加上途中拥戴他的额亦都，这时候追随他的将领大约有数十人。

虽然有众多人追随努尔哈赤，但是他手下部族兵力有限，并不能组成有生力量与明一战。于是当前摆在他面前的首要问题就是，统一散乱的建州女真部族，停止辽东女真的内部斗争。

统一的第一步便是拿尼堪外兰开刀。万历十一年（1583）五月，努尔哈赤清点自己部族的士兵，向图伦城进发，正式向尼堪外兰宣战。努尔哈赤还与诺米纳约定了日子，两人一同攻击图伦城。没想到这个诺米纳与努尔哈赤盟约是假，向尼堪外兰通风报信是真。尼堪外兰得到这一情报后，迅速带领妻子转移。到了约定攻城的日子，诺米纳也没有出现。

努尔哈赤并不知道尼堪外兰已经外逃，率部众独自攻城后，只获得一座空城，并没有找到尼堪外兰及其家属所在。八月，努尔哈赤探听到尼堪外兰在甲板城，便又重整军队，准备一举活捉尼堪外兰。结果还是被诺米纳提前泄露给了尼堪外兰，努尔哈赤的计划再次落空。尼堪外兰的屡次外逃让努尔哈赤产生了怀疑，他很快便将内奸人选锁定在屡次爽约的诺米纳身上。

而诺米纳此时也担心努尔哈赤怀疑自己，于是便邀请他同自己的弟弟鼐喀达会同攻巴尔达城。努尔哈赤正愁自己没理由找诺米纳出来，便应允了。到了会盟的日子，三方军队到达了巴尔达城下。努尔哈赤声称自己军队实力不行，请求诺米纳做先锋，先攻打巴尔达城。诺米纳也怕努尔哈赤趁火打劫，根本不同意他的请求。这时候努尔哈赤说："既然你部不想先攻城，可以将攻城的器械，还有士兵的铠甲给我部，我来攻打。"诺米纳轻信了他的话，并不知道这是努尔哈赤对付自己的计谋，便将全副武器都给了他。努尔哈赤得到武器后，就地将诺米纳正法。

此时的尼堪外兰已经逃出了辽东区域，在鹅尔浑城躲着。努尔哈赤已经将统一建州作为主要的目标，并不知晓尼堪外兰的下落。就在他起兵首战顺利之时，其家族内部先产生了矛盾，努尔哈赤只能迎难而上。

努尔哈赤统一建州女真（上）

因前有李成梁对叛明分子王杲的剿灭，且牵连到族人。其家族子孙也担心努尔哈赤反叛大明会招致整个宗族的灭顶之灾，其他宗族的子弟便在宗庙商量着要联合起来，准备事先大义灭亲，将努尔哈赤更大规模的反叛扼杀在摇篮里。于是便有了万历十二年（1584）以兆佳城主李岱为首的家族联合大军，共同围攻努尔哈赤所管辖的瑚齐寨。

努尔哈赤得知族人大规模来攻打自己的城寨时，并没有慌张，而是想到了"围魏救赵"。于是便率领额亦都等人攻打李岱驻守的兆佳城，此计果然引李岱一部迅速回援兆佳城。

结果李岱比努尔哈赤先到了兆佳城，此时辽东天气不好，大雪阻碍了努尔哈赤的攻城脚步。这时候，有部将打了退堂鼓，企图劝说努尔哈赤回防瑚齐寨。但努尔哈赤认为自己首战告捷，还赢得了一部分的民心，没必要现在退缩，还是一心攻城。努尔哈赤正是靠着这一鼓作气的气势赢得了在城内早有准备的李岱，最后攻下了兆佳城，李岱被俘。

到了六月，努尔哈赤在一次次被自己族中的亲属派来的刺客刺杀后，感觉自己已经拿到了一些舆论优势。便以为其被杀死的部下噶哈善·哈思瑚报仇为由，开始攻打玛尔墩城。这座城是由其同父异母的弟弟萨木占、纳木占等人驻守，地势险要，易守难攻。双方交战三昼夜后无果，努尔哈赤便退军，驻扎好营地，等待其城防出现疏漏。果不其然，天气炎热城中缺水，守将只能出来取水。努尔哈赤借此机会，派费扬古取小路，智取玛尔墩城，并将萨木占等人斩于城内。

九月时，努尔哈赤利用董鄂部的内乱趁机攻打齐吉答城。无奈突然飞雪，熄灭了努尔哈赤焚烧城防的大火，他不得不选择撤军。途中企图攻打翁科洛城，岂料努尔哈赤本人被城中的神箭手射中。此次出征便以撤军告终。待努尔哈赤伤愈后再次攻打翁科洛城，利用火攻，一鼓作气拿下了这座城，后又顺利拿下齐吉答城。

在连克董鄂部、苏克苏浒部后，努尔哈赤便啃上了界凡城这个"硬骨头"，这座城隶属哲陈部。城主讷申、巴穆尼不敌努尔哈赤，在正面迎战时被斩于马下。而后哲陈部便与其他城主结成联盟，此时努尔哈赤只有八十人，面对城中的八百人。努尔哈赤仍鼓舞士气，并亲身上阵，射杀了守城的二十余人。由此士气大振，而城内守军面对如此勇猛的努尔哈赤部族居然一击即溃，四散而逃。

到了万历十四年（1586），努尔哈赤得知了仇人尼堪外兰在鹅尔浑城后，当即决定前去攻打鹅尔浑。攻下城池后，在城中并无发现尼堪外兰。忽然，他在城楼瞭望时发现了藏在逃出城外士兵中的尼堪外兰，当即挽弓射箭。溃退的士兵乱了阵脚，努尔哈赤失去了尼堪外兰的下落。

努尔哈赤统一建州女真（下）

前已有言，努尔哈赤再攻下鹅尔浑城后，在城楼上发现了逃出城外的尼堪外兰，当即追了出去，但因逃军大乱，再次失去尼堪外兰的下落。后得知尼堪外兰逃至明朝边境的抚顺城中，由明军保护。这惹得努尔哈赤大为光火，他立即斩杀了城内俘虏的十几个明军士兵，又留了几名士兵，命他们前去向抚顺城中的明军将领报信，交出尼堪外兰，则不与明军开战。

此时的尼堪外兰已不再像明军想象的那样强大，抚顺的明军也意识到了这一点。不愿意给自己找麻烦的将领当机立断，把尼堪外兰绑起来交给了在城外等候的斋萨等人——他们是奉努尔哈赤之命前来交接的。刚出抚顺城，尼堪外兰便人头落地。首级被斋萨等人带回去向努尔哈赤复命了。

报完一箭之仇后，努尔哈赤将目标定在了哲陈部。杀掉其寨主后，又派额亦都攻打巴尔达城。时逢浑河涨水，额亦都想到用绳子把士兵们连在一起，不至于被水冲散。顺利渡过浑河后，额亦都没有立即攻城。等到入夜，他趁守军防备不及的时候，率领士兵一举登上巴尔达城，与城上守军鏖战一昼夜。额亦都自己身负重伤，依旧英勇冲杀，最终拿下了巴尔达城。

就在额亦都攻打巴尔达城的时候，努尔哈赤率领士兵攻打同样隶属哲陈部的洞城。最终，洞城城主扎海投降，努尔哈赤完全吞并了哲陈部。到了第二年，万历十六年（1588），努尔哈赤攻下了完颜部的城寨，苏完部、董鄂部望风而归。至此，努尔哈赤彻底完成了对建州女真的统一。

此时努尔哈赤不再发动对外战争，而是开始了对内的修整政策。他先后封赏了在统一建州过程中出力最多的费英东、何和礼、扈尔汉、额亦都和安费扬古，这五人组成了最初的五位议政大臣，成为努尔哈赤政权的核心人物。而后又多次亲自到北京奉上朝贡，取得了明廷的信任，并先后得到了左都督、龙虎将军这样的官职封赏。同时还注意收容环绕建州的小部族前来投降的部众，整顿建州女真内部秩序。并积极与蒙古、朝鲜等地区开市贸易，发展这一地区的经济。

与此同时，建州女真的崛起和强大引起了海西女真的注意。海西部族的首领纳林布禄多次以结亲、威胁等方式，企图遏制努尔哈赤的崛起，但均无效。海西女真与建州女真的大战一触即发。

努尔哈赤统一女真部族（上）

在建州女真统一之前，位于海西的女真部族是最强大的。而到了万历二十年（1592）以后，建州女真一跃而起，成为一支坐拥广大土地、部族人口在一万五千余左右的强大部落。这让海西女真倍感威胁，于是以海西叶赫部首领纳林布禄为主的海西女真部族开始了瓦解建州的行动，从结亲到以兵力威胁，均告破灭，努尔哈赤不为所动。

终于在万历二十一年（1593），纳林布禄联合哈达、乌拉、辉发等九个部族，组成联军，大约有三万余人，开始大规模往建州卫进发。面对数倍于己的海西女真，努尔哈赤并没有自乱阵脚，他先分析了九部联军内部可以突破的矛盾：九部虽众，但大多是乌合之众。没有统一的指挥，九部首领谁也不信服谁。如果在过程中擒获其一两个首领，其兵不攻自破。

于是针对海西女真的阵型，努尔哈赤也做出了相应对策：占据险要地势，以额亦都作先锋，诱敌深入。叶赫部的首领布寨果然中计，他与乌拉部首领的弟弟布占泰一起向额亦都单挑。结果布寨被斩于马下，布占泰被俘。纳林布禄见此情景，当即无心再战，其部众忙于收敛尸体。其他部族的首领眼见两位盟主无心应战，也纷纷指挥自己的部众退散，联军军心顿时涣散。这时努尔哈赤率军从高处冲锋，冲散了联军的阵仗。一阵冲杀后，联军纷纷溃退。努尔哈赤一直追到辉发部境内。

努尔哈赤大胜海西九部联军，又趁机东上，收服了朱舍里和讷殷两个部族。经此一役，虽然打破了海西女真的联合，但是海西还有实力较强的乌拉、叶赫、辉发和哈达四部，这四部的联合还在。为了分化瓦解海西四部，努尔哈赤和弟弟速尔哈赤分别娶了布占泰的侄女和妹妹，同时布占泰还娶了速尔哈赤的女儿。联合了乌拉部后，努尔哈赤又借哈达、辉发二部首领换届之际攻破了二部山寨，至此海西四部名义上还是四部，实际上只有乌拉部与叶赫部还未被征服了。

就在其讨伐辉发部族的时候，万历三十五年（1607）的正月，东海女真瓦尔喀部的首领穆特赫率领部众前来归降努尔哈赤。自称乌拉部频繁对其部族进行骚扰，他们苦不堪言，故来归附努尔哈赤，以寻求庇护。这就给了努尔哈赤进攻乌拉部的借口，于是在迎接东海女真的归附部族的同时，努尔哈赤还派褚英、代善等人截击追在穆特赫部族后面的布占泰大军，双方在乌碣岩大战，最终建州女真取得了胜利，从此乌拉部不敢再打东海女真的主意。而此战的胜利也提高了建州女真的声望，东海女真其他部族皆前来归附。

此时明廷惧怕女真部族统一，会对北方产生威胁，于是开始袒护实力较弱的海西四部。努尔哈赤在万历三十五年攻灭了辉发部后，只得表面上暂时放缓了对叶赫、乌拉二部的征讨，将重点放在与蒙古部分部族如科尔沁部和扎鲁特部的笼络上面。

努尔哈赤统一女真部族（下）

自从乌拉部和建州女真在乌碣岩一战后，最初因联姻结成的联盟便告破裂。虽然没有大的冲突，但双方均率部进攻过对方所属部族。

万历四十年（1612）九月，布占泰联合蒙古的科尔沁部族攻打建州女真所属的虎尔哈路，到了十二月，努尔哈赤率领部众连克乌拉部所属的六座城郭后，一直打到了乌拉城下，同时尽断其粮草。布占泰只得出城认错，亲自向努尔哈赤请罪，请求他撤军。

在努尔哈赤撤军后，布占泰自然意难平，便将郁闷撒到了自己的两个建州女真的妻子身上。除了虐待她们，还囚禁了她们。努尔哈赤闻讯后，第二年便以此为理由再次出兵征讨乌拉部。此时的努尔哈赤整合了三万大军浩浩荡荡征讨乌拉部，其手下大将均参与了此次战役。大军所到之处，一些本就对乌拉部族不满的小部落便归顺了努尔哈赤。乌拉城很快成了一座孤城，布占泰誓死坚守，但努尔哈赤的大将安费扬古很快攻到了城下。竖起云梯的同时，还用土包攻城，很快城墙上布满了建州兵。守城士兵一路溃散，只剩布占泰一人单骑投奔叶赫部，乌拉城破。努尔哈赤俘虏了布占泰的儿子们，协同其投降的民众一起回到了建州，乌拉部灭亡。

海西女真只剩下叶赫一部尚存，努尔哈赤借口叶赫部不交出逃至此的布占泰，于万历四十一年（1613）九月率大军攻打叶赫部。叶赫部族不敌建州女真，在连续被攻下十几座城池后，向明廷求援，明廷派大将周大歧等人率领大军及一部分火器进驻叶赫城。努尔哈赤忌惮明军火器，同时也不愿与大明公开撕破脸皮，于是在焚烧了部分叶赫城外的庐舍后回到了建州。

到万历四十七年（1619），努尔哈赤已经称汗，正式与大明分庭抗礼，便不再顾忌明廷。这年正月，努尔哈赤只留五千人马驻守边关后，便率领剩余大军攻打叶赫部。叶赫部依旧寻求明军的庇护，但明军在萨尔浒大败后，便无力自保，叶赫部成为努尔哈赤的囊中之物。

八月，努尔哈赤将建州部兵分为两部分，一部由代善、莽古尔泰等人率领，扬言征讨蒙古，另一部则由额亦都统领，假扮蒙古兵攻打叶赫部的东城。努尔哈赤及其亲军则包围了叶赫东城，防止东、西二城相互联系。此时明廷也派了一千余人前来救援叶赫城，但被努尔哈赤的亲军全歼。最后，在努尔哈赤不断地云梯攻城和挖城角的攻势下，叶赫内城破，叶赫部首领金台石自焚而亡，其余部众皆投降，叶赫部自此灭亡。

在经历了三十余年的东征西讨后，努尔哈赤终于完成了对辽东地区女真族的统一大业。为以后的霸业奠定了一定的人口和经济基础，同时也促进了女真族的内部融合和社会发展。

建立后金：女真部族社会的发展

万历四十四年（1616），此时的努尔哈赤已经统一了大部分女真部族，实力得到一定的扩充。于是他在赫图阿拉正式称汗，并建国号"大金"，年号天命，正式与明朝分庭抗礼。为了加快部族的社会发展，努尔哈赤在军事制度、政治、文化等方面进行了一系列大刀阔斧的改革。

军事制度方面，努尔哈赤在女真牛录组织的基础上，创立了"八旗制度"。以三百人为一个牛录，设置牛录厄真；五牛录为一个甲喇，由甲喇厄真管理；五甲喇为一个固山，设置固山厄真管理。这就是一个旗的士兵组织，固山厄真同时也是旗主。共有黄、白、红、蓝、镶黄、镶白、镶红和镶蓝八种颜色的旗作为军队标识，这也是"八旗"的来源。

当时统领八旗的多是努尔哈赤的子侄，他们掌控本旗的经济生产、行政及军事行动等一系列大权。这种制度将女真各部族统一了起来，以血缘、地缘为基础，保证各部族的团结性和一定的战斗凝聚力。这种制度是一种"兵农合一"的社会组织形式。

行政方面，设置以"五大臣"为基础的议政五大臣制度。与八旗旗主一样有参与决策政务的权力，每五日集会一次，共同商议军国大事。这种议政制度是早期后金的中枢决策机构。

在选拔人才方面，主要依靠推荐和选拔的方式，按照两条原则进行。首先，以人才是否贤明为准则来选拔。其次，是否有一定的才能。以上选拔的标准都并不需要看血统或者出身。除了选贤任能，努尔哈赤还特别赏罚分明。只要是有功于后金的，哪怕是由敌方阵营投奔来的，都给予一定的赏赐。而只要是犯了错的，哪怕身居高位，与努尔哈赤有亲缘关系的，都严惩之。

正是这一系列的体制建设，使得之前无组织、无纪律的女真各部族凝聚起来，形成一个具有凝聚力的整体，在积极发展社会经济的同时，也能形成一定的战斗力，为此后努尔哈赤的统一活动奠定了一定的社会基础。

萨尔浒之战：与明廷的首战告捷

就在后金建国后，努尔哈赤不满明廷庇护叶赫部，且不接受自己的求和。在集聚了两万步骑兵后，在盛京誓师，以"七大恨"为中心，发表了讨明的檄文，随后便率大军开始了进攻明朝边境的脚步。这是后金建立以来，第一次与明军的正面交锋。

明廷这边前期忙于驰援叶赫部，并未想到后金会直接出兵辽东。未及反应，努尔哈赤的大军已经攻占了抚顺、清河等地。因前期明军替叶赫部赶跑了努尔哈赤的进攻，所以这次应战努尔哈赤，叶赫部也在其中。

虽然攻下辽东部分城池，但努尔哈赤的大军兵力较少，无法彻底占领。于是在听说明军集结后朝辽东开来，便迅速撤军，转而攻打叶赫部，并攻下叶赫部十几个城寨。

到了天命四年（1619），明军率领的四路大军才在杨镐的指挥下开赴辽东。期间，努尔哈赤多次受到杨镐的罢兵议和请求，只因他檄文已发出，且急需一战切断叶赫部同明廷的联系，故并未答应。

由于明军应战并不积极，且努尔哈赤事先已派兵侦查到了四路明军的动向。并根据其行进路线制定了相应的应对措施。二月，努尔哈赤接到奏报，明军主力杜松部行军过快，与其他三部失去了联络，处于孤立无援的状态。便立即命驻守赫图阿拉的部分兵马拖延靠近杜松部的刘綎大军，自己则率领两路大军，将杜松部包围在萨尔浒地区。杜松部摸不清虚实，又后无援军，甫一交战，便被努尔哈赤的亲军全部歼灭。

　　而后，努尔哈赤获得了另一路大军北路马林部的动向，立即率军北上。先是用小股部队引诱马林军出营作战，而后利用居高临下的地势，用主力部队将北路军冲散。面对两面夹击，北路的明军根本无力招架，旋即被灭。

　　而南路军刘綎部因道路崎岖，行军速度慢，加上与其他几路大军不通信息，根本不知道自己已经陷入四面楚歌的处境。在歼灭北路明军后，努尔哈赤立即南下，准备迎击南路明军。利用他们之间相互不通音讯这一弱点，令部分后金军队身着明军士兵的服装，拿着主力部队杜松的令牌，谎称先头部队已经到达赫图阿拉，命刘綎部迅速到赫图阿拉集合。刘綎部信以为真，迅速抛弃了辎重火器等物品，一路轻装简行。看到刘綎部抛弃了这些后，努尔哈赤率先埋伏在阿布达里岗的军队突然出现，将这路明军全部歼灭。

　　当杨镐得知前面几路大军都已溃败时，慌忙命李如柏部撤退。但由于撤退信号滞后，李如柏部收到讯息的时候，努尔哈赤的后金部队已经追上了这路大军的行进脚步。李如柏部顿时阵脚大乱，被踩踏致死的士兵都有一千余人。

　　经此一役，努尔哈赤彻底打破了和明廷在辽东的和平局势，从此明廷陷入了被动防守，后金的军队随时都能深入辽东劫掠百姓。同时，叶赫部也被孤立了出来。努尔哈赤可以腾出手来消灭叶赫部，完成女真族的统一大业。

努尔哈赤的宁远失利

自萨尔浒一役以后，后金在辽东的势力日益强大。后金天命十年（1625），经略辽东的孙承宗被换下，新换上的高第并没有孙承宗这样的胆识，尽撤宁远、锦州前线的守军，欲将明军收缩到山海关以内。

此时前线只剩下不肯撤退的袁崇焕还在死守宁远，高第的命令对他没用，于是便将宁远城周围的锦州、大小棱河的军事防御全部撤掉了。宁远城中也只有袁崇焕不足万人的守军和十几门西洋大炮。孙承宗的调离和"关宁锦"防线的漏洞让努尔哈赤看到了进攻山海关的可乘之机，天命十一年（1626），努尔哈赤集结大军，开赴山海关。

在前线探报将宁远防守的具体信息告知给努尔哈赤后，他对宁远城更是势在必得了。宁远本身城小，周围屏障城防又尽数被撤，城内守军完全不敌后金大军。努尔哈赤认为，只要将宁远围起来，假以时日，城内定会弹尽粮绝，士兵四散而逃。如此一来，宁远便是他的"囊中之物"。

然而他不知道的是，袁崇焕在城内积极布防。生怕后金有奸细混进城中，亲自带人日夜巡防。还命臣下在城中积极筹措粮草、火药等后勤物资，以鼓舞士气。一时城中军心、民心皆大定。

等努尔哈赤兵临城下，方知宁远城的坚固。士兵久攻不下，努尔哈赤虽亲临前线督战，还是抵不过城墙上的数门西洋大炮。后金多次攻势皆被打退，多名将领遭受炮击而死。据传就连努尔哈赤本人也遭到西洋大炮的"荼毒"，受了重伤。如此一来，连续猛攻多日的后金军队被迫撤退。这是努尔哈赤起兵以来，对阵明军的首次失利。

　　退回沈阳后，努尔哈赤郁郁寡欢，自言宁远兵败是他遭受过的最大耻辱。到了当年七月，背上伤患处病发为毒疽，一月余就病死了。足以可见宁远之战对于后金和努尔哈赤本人的打击，自此后金与大明结怨益深。

皇太极的崛起

皇太极是努尔哈赤的第八个儿子，他的母亲是叶赫部首领的杨吉砮之女孟古哲哲。杨吉砮当时为了与建州女真结盟才将自己的小女儿嫁给努尔哈赤。婚后，努尔哈赤对她也是宠爱有加。皇太极是她与努尔哈赤的长子，自小聪慧，与其他贝勒不同的是，皇太极喜爱读汉人的书籍，阅览甚广。

努尔哈赤早年都是带领兄弟子侄上阵打仗，处理后金政事和操持家事方面都交给了年幼的皇太极。因此，他在处理政务方面积累了深厚的经验。而且不用努尔哈赤教，只要稍有指示，皇太极便处理得井井有条。努尔哈赤更加喜欢这个小皇子，在赫图阿拉称汗后，便将他与代善、阿敏、莽古尔泰并封为四大贝勒，与三位哥哥地位齐平，每位贝勒按月分值，凡军国大政均由当时的分值贝勒处理。

明万历三十一年（1603），其母病逝后，皇太极便被努尔哈赤带在身边，一起上阵打仗。由于女真部族尚武，女真子弟自小骑马射猎。皇太极年龄虽小，面对战争场面丝毫不害怕，当年使用的一张大弓四尺有余。他就是带着这张弓追随父兄，南征北战，有勇有谋，为族中许多贝勒拥戴。

天命十一年（1626），后金攻打宁远失利，努尔哈赤也受重创，郁郁而终。生前并未有指定的继承人，又由于这时的后金还未有立皇太子这一规定。所以皇太极在侄子岳托和萨哈廉等人的拥戴下登上汗位，改元天聪。

这时候后金正处于失利后的劣势中，明廷方面也因宁远之战的胜利而开始雄心勃勃，企图收复辽东失地。于是，皇太极一面整理内政，将后金蛰伏起来休生养息。一面向驻守宁远的袁崇焕抛出橄榄枝，希望与之修好。

但皇太极还是急于报宁远的一箭之仇，想先发制人。在天聪元年（1627）率领三路大军开赴辽东边境——锦州前线，很快攻破了大小棱河一线的防守。就在抵达锦州城下时，明军营中派出使者前来讲和，皇太极以其有诈为由拒绝与之讲和，并强势攻城。熟料锦州城防甚是严密，后金军队损失惨重。皇太极只得率军后撤五里，从沈阳调集援军再战。

与此同时，宁远城的满桂带兵支援锦州，皇太极率军与之发生遭遇战，最终将满桂大军打回了宁远城内。皇太极便认为宁远可图，结果在宁远城下仍然举步维艰。恰好这时锦州城中的赵率教出城攻击锦州的留守，为防止腹背受敌，皇太极撤回锦州。雪上加霜的是，天气渐热，后金军多抵抗不住暑气，军营中病倒一片，如此一来，皇太极知道山海关一时无法攻下，便从锦州撤军。

此一战，皇太极仍未拿下"关宁锦"防线，还损失了不少大将。就连萨哈廉、济尔哈朗等人都身负重伤。他只得暂时放弃辽东一带，转而将目光锁定在了北方的蒙古部族。

皇太极征服察哈尔蒙古之战

　　天聪二年（1628），在辽东地区遭遇多次"滑铁卢"后，皇太极终于看到了征服蒙古部族的一线曙光。那就是察哈尔的林丹汗与土默特部等其他部族发生内战，最终属于漠南蒙古的察哈尔林丹汗取得胜利，积极筹备西迁工作。而战败的哈喇慎汗与台吉不甘失败，便来投奔皇太极，企图利用后金军来阻止林丹汗一统蒙古的脚步。

　　此前，早在努尔哈赤在位时，便积极与蒙古各部族以结盟、联姻、封赏、围猎等手段进行联合。同是少数民族，蒙古各部与后金隔阂较少，很快有不少蒙古部族纷纷与之交好。后期位于察哈尔的林丹汗崛起，他积极推进蒙古的统一进程，不愿意被他统治的漠南蒙古诸部便纷纷投奔后金，寻求庇护，这也正符合努尔哈赤对蒙古各部族的分化瓦解政策。

　　于是就在哈喇慎汗与台吉来到盛京沈阳找皇太极哭诉林丹汗对自己部族的高压政策时，皇太极便派人去联络科尔沁、喀尔喀等先前归附后金的蒙古各部，以反抗林丹汗压迫的名义，要求他们共同出兵察哈尔。除科尔沁以外，其他蒙古部族皆陆续前来与后金汇合。尽管科尔沁部族的兵马是最多的，但没有多于察哈尔实力的兵力做保障，皇太极率领着联军并不敢与林丹汗正面交锋，更不用说深入敌方了。故只率大军攻击了察哈尔周边的一些小部族，在他们失败后又追击至大兴安岭南麓为止。这是后金军初次征讨察哈尔的行动，仅以试探为主。

　　到了天聪五年（1631），林丹汗继续扩充自己的统治，亲自东征科尔沁，只掠夺了科尔沁的牧场，皇太极率领着大军前来支援时，林丹汗已经不见踪影。向西又占领了哈喇慎、土默特、鄂尔多斯三个部族的土地，并抢了他们与大明互市的市赏。至此，林丹汗虽占尽了好处，却失去了大部分蒙古部族的民心。加上连年战争和北方不断的旱灾、瘟疫，察哈尔部的战斗力被大大削弱。

这就给了皇太极再次征讨察哈尔的机会。天聪六年（1632）三月，皇太极集结兵马，并再次晓谕已归附的蒙古诸部。由于受到先前林丹汗的侵扰，蒙古诸部皆来响应。到了四月，包括科尔沁、扎鲁特、巴林等蒙古诸部在内的联军在盛京沈阳集结完毕，大军约有十万余人。出发前，皇太极特意向蒙古各部族的联军申明了军纪。首先，严禁杀投降的士兵。其次，禁止拆散部落的家庭。最后，禁止奸淫妇女。

此时的林丹汗已经是强弩之末，并无强壮的兵马与皇太极的联军正面对抗，在探得皇太极的大军到达都勒河时便率领部族逃到了库黑得勒酥。四月底，皇太极联军赶到了这个地方，却没有见到林丹汗的影子，方得知林丹汗早已渡过黄河而去。

皇太极称帝

尽管皇太极联军全力追赶林丹汗，历经月余来到了归化城，可林丹汗早已抛弃他的部众逃到了青海地区。在逃难的过程中，林丹汗的两员大将塔什海、虎鲁克寨桑投降了后金，皇太极一路收集林丹汗的残余部落民众达万余人。

到了青海，林丹汗的日子也非常的不好过。长期短缺粮食，迫使他三番两次劫掠明朝边境，甚至不惜与洪承畴交手，其手下的几个头目也纷纷回到漠北投降皇太极。即便这样，林丹汗还是没有放弃东山再起的机会，他先后与漠北以外的喀尔喀及西藏的一些土司结成联盟。恶劣的生存环境却没有给他机会，天聪八年（1634），林丹汗在青海患痘疫去世。

林丹汗去世后，他的儿子们率领残部返回河套地区。仍然支持察哈尔部的漠北外喀尔喀部请求其子将大帐移到漠北，没想到的是，皇太极也开始积极准备清剿察哈尔残部了。

天聪九年（1635），皇太极命多尔衮、豪格、岳托等人率领一万兵马三征察哈尔。行军途中，遇到了林丹汗的大福晋，告知多尔衮关于林丹汗儿子额哲营帐所在地。四月，后金军渡过黄河，逼近了额哲的营帐。此时刚巧起了大雾，后金军趁机包围了营帐。同时派人进去劝降额哲。不日，额哲便捧着传国玉玺出帐投降了。至此，漠南蒙古全部归顺后金，皇太极在北方的劲敌被消灭。

得到传国玉玺后，皇太极自认为天命所归，便计划起称帝来。当年十月，他将女真部族的名字改为满洲。天聪十年（1636）四月，后金朝臣及贝勒便开始上书劝皇太极早日上尊号。几番推辞后，由多尔衮手捧满文字表，巴达礼捧蒙文字表，孔有德捧汉文字表，在宫门外继续劝谏。皇太极终于受命，并择吉日进行登基大典，正式称帝，建立国号为"清"，改元崇德。

皇太极称帝后的第一件事便是胁迫朝鲜向自己臣服。朝鲜国王以世尊明为宗主国为由，拒绝向清称臣。十二月，皇太极便以朝鲜"败盟"为由率大军跨过鸭绿江，进入朝鲜境内。并大败全罗、忠清两路大军，朝鲜国王李倧被迫向清朝称臣。而此时的明朝苦于内忧外患，对于藩属国的沦陷根本无力伸出援手。清朝自此解决了关外之忧，皇太极开始一心将目标放在了对付辽东的明军上。

皇太极的革故鼎新

女真部族的崛起是建立在奴隶制的贵族经济上的，努尔哈赤虽然建立了八旗制度，但仍然是军政、经济生产大权集一体的奴隶主制度。皇太极登基称帝后，开始废除这种奴隶制度，逐步建立起一系列的封建国家制度。

经济方面，皇太极派出大臣丈量以前贵族所拥有的庄田，除了地主应有的土地，其余部分归国家所有，分给当地的农民耕种。并在此基础上废除了庄田制度，同时还将以前的壮丁编户为民，禁止贵族隐匿壮丁。天聪六年（1632），皇太极还颁布《离主制度》，规定凡有奴隶主行为不轨者，奴隶可至有关官署告发。若核实为真实情况，准许奴隶脱离奴隶主。

当初后金进入辽东地区，俘获了大量的汉人为奴隶替自己耕作。到皇太极时也逐步恢复了这些汉人的农户身份，并按照一定单位编户为民。同时也开始逐步将经济重心转移到土地耕作方面，不仅鼓励汉人耕作，就连满洲人也加入了田间耕作的队伍。

政治方面，皇太极一改五大臣的议政制度，设置了六部以及负有监督职能的都察院。满洲人、蒙古人和汉人均可入职参政，每个衙门设置满洲承政一人，下设左右参政、理事、副理事、主事等官职。强化了以皇帝为中心的国家权力运行机构。

军事制度方面，这一时期越来越多的汉人前来投奔，为了笼络他们。皇太极在满洲八旗的基础上设置了汉军两旗，后来逐渐扩充为汉军八旗。这一时期的汉军八旗飞速发展，超越满洲八旗、蒙古八旗，成为清朝的一支有生力量。

文化制度方面，皇太极一改清人不读汉人书的习俗，极力推广汉族的先进文化。并命人将《孟子》《刑部会典》等书翻译成满文，命满洲大臣学习。还命满洲贵族子弟十五岁以下，八岁以上，都要入学，学习汉族的文化。除了学习汉人文化，对于本族文字，皇太极还加以改造，在以前满文的基础上加了圈点，完善了满文的形体和读音，使得这种文字更方便使用。

经过这一系列的改革，清朝初步建立了较为完善的国家体制，加速了满洲民族的封建化，同时也巩固了皇太极的权力。

宸妃海兰珠：皇太极一生钟爱的女人

　　皇太极一生有无数女人，他的后宫有品冠后宫的皇后——博尔济吉特氏的额尔德尼琪琪格（后宫嫔妃称她为哲哲，意为"姐姐"），也有后世称赞的庄妃布木布泰。但他最宠爱的还是海兰珠。

　　和皇后哲哲、庄妃布木布泰一样，海兰珠也是科尔沁博尔济吉特氏出身的女儿，庄妃是她的妹妹，皇后是她的姑姑。但她晚于妹妹庄妃进宫，到皇太极娶海兰珠入关睢宫时，她都已经二十六岁了。

　　这丝毫不影响皇太极对她的盛宠，仅入宫一年便被册封为东宫大福晋，汉族封号即为"宸妃"。成为后宫中地位仅次于皇后，比自己的妹妹庄妃要高出两个等级。

　　崇德二年（1637），海兰珠生下一个男孩，是皇太极的第八个儿子。皇太极却像第一次得子一样开心，除了宴请群臣与他一起体验这种喜悦外，他还宣布大赦天下，此项大赦令规定除了如犯上、殴打祖父母、父母、卖兄弟等十恶大罪外，其余被关在监狱中的人全部免罪。由于其他几个孩子的母亲皆不是崇德五宫后妃所出，皇后哲哲又无所出，所以海兰珠的孩子虽然排行第八，却享受了"嫡长子"的待遇。在他出生的时候宣布大赦，无疑是将他当作继承人来看待了。海兰珠的母亲也因此受到殊荣，被封为和硕贤妃，并赏赐其应有的仪仗卫队。其后，五宫虽有皇子诞生，却再也没有这种隆重的待遇了。

　　这位皇子显然承受不住如此盛宠，出生仅半年就夭折了。宸妃本就身娇体弱，经历了丧子之痛后，身体垮了下去，很快一病不起。此时皇太极正在辽东的松山前线与洪承畴决战，当第一个从盛京出发的信使到达前线向皇太极报告"关雎宫宸妃生病"的消息时，他便立即将前线攻势安排给其他将领，自己星夜兼程，一路奔往盛京。刚到旧边，盛京第二个信使便向他报告宸妃已经病重。彼时刚过一更天，皇太极不顾休息便快马加鞭往回赶。即使这样，等他赶到关雎宫后，也没有见到海兰珠最后一面，看到的只是海兰珠逐渐冰冷的身体。

皇太极甚为哀恸，几次哭得昏死过去。皇后和诸位王大臣纷纷上书劝谏，让皇太极以大局为重，千万珍重身体。过了好几天，皇太极才接受了爱妃已离世的事实，为她举办了隆重的葬礼，还亲自为她撰写了寄托自己深情的祭文。全文如下：

> 皇帝致祭于关雎宫宸妃。尔生于乙酉年。享寿三十有三。薨于辛巳年九月十八日。朕自遇尔。厚加眷爱。正欲同享富贵。不意天夺之速。中道仳离。朕念生前眷爱。虽没不忘。追思感叹。是以备陈祭物。以表衷悃。仍命喇嘛僧道讽诵经文，愿尔早生福地。

此后，每年节气甚至在祖先的祭典上，皇太极都要令后宫各妃祭拜海兰珠，更不用说以后每年的月祭、周年祭。且在宸妃海兰珠的丧期内，严禁臣民私自饮酒作乐，违者无论爵位高低，均加以罚银、鞭笞等处罚，郡王阿达礼和辅国公扎哈纳的爵位都差点因此丢失。

睿亲王多尔衮：少年英雄驰骋沙场

多尔衮是皇太极统治时期一个绕不过去的名字，也是清朝开国以来的重要人物。然而后世多流传的是他与皇太极的庄妃布木布泰的爱情故事，殊不知关于这位英雄的少年时代，也是值得一说的。

多尔衮的生母是乌拉贝勒的女儿阿巴亥，嫁给努尔哈赤时只有十二岁，但深得努尔哈赤的喜爱。天命元年（1616）三月，努尔哈赤以四大罪状为由废除了大福晋富察氏，接替大福晋的正是多尔衮的生母阿巴亥。因此多尔衮兄弟三人在天命五年（1620）时，与其他几位哥哥同时被封为和硕额真，可以参与国事的讨论。当时的多尔衮只有八岁，享有同几位兄长一样的权力，皆因努尔哈赤宠爱其母阿巴亥。也正是因为有了母亲的庇护，年幼的多尔衮与其弟多铎各自统领十五牛录，超过了其他成年的兄长如济尔哈朗、阿巴泰等人。

如果说童年无忧无虑，那么这份童真终止在天命十一年（1626），努尔哈赤去世，作为大福晋的阿巴亥被逼殉葬。多尔衮便追随皇太极开始了自己的军旅生涯，他的第一仗便是征讨察哈尔的林丹汗。少年的他也的确不负兄长的期望，首战便获得了敖木伦大捷，斩杀敌军甚众，被皇太极封为"墨尔根代青"。天聪五年（1631），在攻打大棱河城的时候，多尔衮不惧城上红衣大炮，率领亲军直接攻至城下。松锦之战时，多尔衮更是发扬不怕死的精神，作为主帅身先士卒，强攻锦州城。据说当时差点被祖大寿的红衣大炮击中，几乎丧命。

在随后的清剿察哈尔残部时，也正是多尔衮一马当先，围困了林丹汗的儿子额哲，令他交出传国玉玺。并且毫不犹豫将玉玺上交给皇太极，拥戴他继承汗位。多尔衮也因战功卓著，被封为和硕睿亲王。

这一时期，多尔衮成为一颗冉冉升起的将星，为清朝的江山东征西战。降服了蒙古察哈尔，占据了辽东的大片地区，还征服了朝鲜，令其臣服。皇太极对他也是极尽赞誉，赐予官职和爵位也是毫不吝啬。多尔衮不仅从早年的固山贝勒升到和硕睿亲王，也成为镶白旗的旗主。

与多尔衮地位一起上升的，还有他的野心。这种野心在皇太极时期，有济尔哈朗和皇太极压制，并未体现出来。而在皇太极死后，多尔衮心高气傲，认为自己战功卓越，无人可敌，这便有了后来顺治皇帝继位后的一系列腥风血雨。

大妃阿巴亥殉葬之谜

在努尔哈赤四十三岁时，乌拉部族为了与建州女真结姻，首领布占泰将自己十二岁的小侄女阿巴亥献给了努尔哈赤做福晋。彼时的努尔哈赤仅把他当作政治联姻工具而留下了，并未在意到她。直到孟古去世，努尔哈赤才注意到这个聪明伶俐的姑娘，彼时她已经十五岁了。

很快，阿巴亥得到了努尔哈赤的宠爱，并受封为大福晋，取代了孟古的地位。她陆续生下了努尔哈赤的十二子阿济格、十四子多尔衮和十五子多铎，因为俱是嫡出，所以他们掌管了满洲八旗中的三旗。

就在阿巴亥正受宠之时，发生了一件事，惹得努尔哈赤废掉了她的大妃之位。天命五年（1620），努尔哈赤的小福晋德因泽向他告发，声言阿巴亥给代善送过饭，并且还经常深夜去往代善府中，两人似有通奸的嫌疑。

这惹得努尔哈赤大为不悦，私下派人调查。奸情不甚明确，但阿巴亥的确藏了大量的金银留给自己的子女，防止自己去世后，儿女无可依靠又无法生存。努尔哈赤抄获了她藏在阿济格及乌拉城家中的全部金银，即以私藏金银罪将阿巴亥废黜了。但毕竟是一直宠爱的大妃，阿巴亥在被废黜一年后，努尔哈赤攻下辽阳后不久，便将她重新册封为大福晋，掌管后宫事宜。

也有人说德因泽去告发阿巴亥的奸情是受皇太极指使，他怕阿巴亥一直受宠，她的儿子会取代自己受封汗位。于是挑唆德因泽前去告状，如此一来，一石二鸟，努尔哈赤虽不宣扬，但受到牵连的代善也信任不再，从此被排挤出政治权力的中心。

天命十一年（1626），努尔哈赤病逝，阿巴亥收到了努尔哈赤的遗命，让他为老汗王殉葬。虽然阿巴亥身负盛宠，但她却有三子需要抚养，不符合殉葬的条件。但在皇太极的威逼利诱下，阿巴亥还是转而上吊，为努尔哈赤殉葬了。

因为阿巴亥殉葬时的种种不符合常理的疑点，故后世有人认为所谓努尔哈赤的殉葬遗命是皇太极捏造出来的，为了稳固自己的汗位，杀掉阿巴亥，方便控制三个幼弟。也有说努尔哈赤临终前把阿巴亥叫到房内跟她说命多尔衮即位，皇太极为了灭口，才令阿巴亥殉葬的，因此还有说阿巴亥是被皇太极等一众贝勒用一根弓弦勒死的。

但不管哪种情况，大妃阿巴亥已然不在。她的死无形中也给年少的多尔衮造成了一定的影响，多尔衮从此开始了自己的韬光养晦的蛰伏岁月。

拥立福临：多尔衮辅佐之路的开端

崇德八年（1643），皇太极病情忽然加重，毫无预兆地就去世了，没来得及留下立储君的任何信息。他有心立为皇太子的那个孩子，已经夭折了。皇太极的还在世的诸位皇子中，只有长子豪格成年。但豪格因是庶出，且因锋芒毕露而遭到皇太极的厌恶，生前经常责备他，并说他怀有异心。

豪格出局，皇太极其余皇子都是孩童，此时最有实力的非多尔衮莫属。多尔衮的兄长阿济格和弟弟多铎率领的两白旗率先支持多尔衮即位，但诸位王大臣却被"父死子继"的宗法洗了脑，给出的回答和做出的行动都表示他们支持拥立皇太极的儿子，也即是那个早已出局的皇长子豪格。除了王大臣，具有发言权的还有当时与皇太极地位同等的"四大贝勒"。此时也仅存了代善一人，他年事已高，什么排法都排不上他，不想得罪王大臣，更不想得罪兄弟。于是他给出了一个模棱两可的回答："立睿亲王多尔衮是我国之福音，若他不允，应转立皇子。"

就在多尔衮寻找其他可靠支持的时候，皇太极执掌的两黄旗将领闯入大殿内，慷慨陈词，言下之意就是坚决拥立皇太极的儿子为帝，否则他们就要全部自裁。这下压在皇子身上的砝码又多了一重。多尔衮自认为清朝江山立下汗马功劳，不愿意轻易将权位拱手让与豪格。便选了一个折中的方案——宣布拥立皇九子福临为帝。须知，福临是庄妃布木布泰的儿子，时年只有六岁。

彼时清军已经攻占辽东大部分地区，正为叩入山海关做积极准备。于是，一场关系满洲内部分裂的危机就这样告一段落。就在立福临为帝刚过了没几天，老滑头代善的儿子又突然宣布拥立多尔衮，企图推翻定议。多尔衮就这样再次卷入争权的漩涡中，为了平定民心，防止内部分裂，多尔衮当即把提出拥立的硕托和阿达礼绑了下狱，仓促审问后便直接处死了。

自此，福临继位，多尔衮因拥立有功，同济尔哈朗一起被任命为辅政大臣，被称为"摄政王"。由于皇帝年幼，不能处理朝政，于是大小国事均要经过摄政王处理。但济尔哈朗闲散恬淡，不好政权，就这样清朝的军政大权就被多尔衮抓在了自己的手里。此时的多尔衮，虽无皇帝冠冕，却成了实际意义上清朝的皇帝。

定鼎北京：入主中原第一步

顺治元年（1644），福临继位，此时清军的一只脚已经踏进了山海关。山海关是明朝东北的一道屏障，清军在这里徘徊数十年都未能进入。虽然听闻农民军占领了北京，多尔衮本打算经过塞外进入北京。却在几天后，星夜兼程，改由山海关入京。这个决定缘起于吴三桂致多尔衮的一封信。

此时京城内已经被农民军控制，李自成洗劫完内城后，正严刑拷打这些明朝官员，逼迫他们交出更多的白银来充当军费——用以对付在山海关的吴三桂。而此时的吴三桂听闻自己的老父、爱妾均未能逃过李自成的魔爪，一怒之下，这才有了投降清朝，写给多尔衮的那封信。信中满满都是对农民军的仇恨，并许诺以裂土封疆，请求多尔衮率领清军与自己的关宁军入关，与李自成决一死战。

清军方面，多尔衮正苦于没有理由，要强行入城。吴三桂的书信给了他很好的机会。于是他转眼把努尔哈赤的"七大恨"抛到脑后，打着为明君复仇的旗号，往山海关开来。多尔衮虽然星夜兼程来到山海关下，但对吴三桂投降的诚心还是揣了三分怀疑，所以并没有急着让大军入关。而是命多铎率领一支部队跟在吴三桂大军的后面，就在吴三桂军被打得几乎覆灭时，多铎才给坐镇后方的多尔衮发出信号，多尔衮趁势带领剩余八旗军在山海关击溃了李自成的大顺军。

这以后，多尔衮又以仁义之师的名义进入北京城。相比农民军进城后的一系列盘剥，八旗军入京城时，竟秋毫无犯，且军纪严明。由于京师的百姓和明朝官员苦于大顺军的折磨已久，见到八旗军自然是夹道欢迎，丝毫没有想到日后的苦楚。多尔衮也在这种热烈欢迎的氛围下，理直气壮地坐到了内城皇宫武英殿的宝座上，接受了明朝官员和清朝官员的朝贺，并在此时宣布，清朝正式迁都北京。

定都北京后，多尔衮为了笼络当时明朝官员及汉族士绅的心，稳定自己在北京的统治。对当时许多明朝官员进行封赏，官爵一律不变。还提倡尊孔，并继续沿用科举制度。短期内笼络了一大批人才为清廷服务。

虽然已经定都北京，但是明朝还有半壁江山。逃至南京的朱由崧在南京官员的拥戴下已然登基为帝，其掌控范围内的江浙地区相当富庶，如果任由他们站稳脚跟，则会成为清朝入主中原很大的绊脚石。何况现在清军也只是将李自成赶出了北京城，大顺军还有一定的实力。南方四川地区还盘踞着张献忠的农民军，他们也同样对这片土地虎视眈眈。因此，定都北京只是清朝平定中原的第一步。在北京城逐渐稳定后，多尔衮便将自己的统一大业提上了日程。

多尔衮统治下的高压政策（上）

占领北京后不久，多尔衮便宣布清朝正式定都北京。最初，为了安抚京师及直隶地区的民心，命兵部向这一地区的百姓及士绅传递檄文，内容如下：有愿意归顺清朝的地方官吏加官晋爵，地方原住的百姓可以不用迁徙，但是地方的户籍以及应缴纳的钱粮要由地方官吏亲自运到京城来。对于在京师躲避流寇（即农民军）的官员，各个以其名气任用。而被迫加入行伍的士兵，如果想回老家种地的也一律应准。

如此宽松仁厚的政策很大程度上招揽了明朝遗民的民心，令这些饱受农民军蹂躏的百姓觉得，新的政权没有选择错。到了第二天，"仁厚"的多尔衮很快又发布了针对明朝王族皇室的政策措施。凡是明朝分封的王室，若有愿意归来者，保留其王族爵位。并且亲自为崇祯皇帝下葬发丧，虽未有帝陵，却将位于昌平的田贵人墓重新打开，按照皇帝的礼仪将朱由检安葬了进去，并设置了守陵官吏。这种善待前朝的做法显然是为了招揽前朝官员的心，显而易见地得到了成效。

然而，还没等京城及北直隶的官员军民一起为新的统治者唱赞歌，一项颠覆他们传统的政令就下达了：限十日内，凡是官、军、民皆要剃发，稍有晚一点的就按照逆贼论处。这里要说明的是，满洲人的发型是头发剃光，只在脑后垂一条类似老鼠尾巴的辫子，又称"鼠尾辫"。而汉族人的传统是，身体发肤受之父母，不敢毁伤。所以在最初下达的时候，遭到了大部分汉族官员及百姓的抵抗，只有一部分甘愿归顺清朝的官员执行了这项政令。为了稳定民心，多尔衮便未强制执行。

等到六月，多尔衮听闻清军已经拿下南京城后，便在全国推行"剃发令"。有敢于反抗者，杀无赦。于是便有了那句著名的"留头不留发，留发不留头"的口号。

强制推行改变汉人几千年形象的这项政令推广到江南地区时，更是激起了民怨。江南地区抵制"剃发令"的农民起义此起彼伏，这导致本已归附的地区再次揭竿而起。山东地区的谢迁等人起义，打入了淄川城，将已剃发归顺的官员一并杀死。江阴地区的百姓更是死不剃发，并拥戴前明官员阎应元为政，拒放清朝官员入城。在清军打入城中后，仅仅因抵抗剃发被屠杀的就有二十余万人。江南其他抵抗的城市百姓也遭到了不同程度的屠杀，嘉定地区的百姓则被清军三次屠城。

多尔衮统治下的高压政策（下）

除了在全国"剃发令"外，顺治元年（1644）十二月，多尔衮还借京城及直隶地区无主荒地甚多的名义推行了"圈地令"。所谓"圈地令"，主要是将京郊前明宗室贵族所占据的土地圈起来分给清朝的王公大臣，各州县被明朝宗室抛弃的无主荒地也要一律分给清朝的官员及八旗子弟。

虽然诏令上的意思是，只圈占京城及郊区明朝宗室占领的无主荒地。但在实际推行的过程中，逐渐演变为只要是满洲贵族看上的土地，一律打着"无主荒地"的旗号占据。如此一来，有许多百姓的土地和房屋被占领了去，这些百姓成为流离失所的流民。

到了后来，入关的满洲贵族和八旗子弟越来越多，最初圈占的土地越发不够。在这种情况下，对于圈占的地是否是无主的或者是否是明朝宗族的遗留田产，多尔衮采取"睁一只眼闭一只眼"的态度。顺治二年（1645）和顺治八年（1651）的两次"圈地运动"，大部分汉族地主的土地皆被圈走，圈到房屋的，房内财产尽为满洲人所占。房屋被圈到的，房主要限期搬出，超时间者或有反抗者当即斩杀。

等到入关的满洲八旗子弟在京城及北直隶稳定下来后，京师东城、西城、中城皆成八旗子弟占据的营地，只留了北城和南城供汉族百姓居住。京郊及北直隶的土地大部分都划为皇庄、宗室官庄、八旗官庄等名号，尽归满洲人所有。据史料记载，多尔衮纵容满洲八旗子弟以圈占名义占得的土地达二十二万余顷。

　　这场轰轰烈烈的"圈地运动"导致许多汉人流离失所，不得不依附夺走自己土地的满洲贵族为奴。相对应的，入关的满洲人还是少数，耕种不了如此多的田地。为了充实劳动力，多尔衮也没有阻止，反而多次下诏令鼓励汉人投身八旗子弟为奴。有了这一政令，一些满洲地主便开始强迫汉人为奴。但是这些汉人并非自愿为奴，有不断逃跑的情况。

　　针对这种情况，多尔衮制定了严厉的"逃人法"。规定凡是逃走的民人被抓回来后要受到惩罚，在脸上刺字后再归还旗主。而针对那些窝藏逃人的"窝主"，则一律处死，还要没收家产。不仅如此，"窝主"的邻里也要受到株连。为了防止奴隶逃跑，多尔衮还鼓励告密，凡来告密者均给一定的奖励。如此一来，汉族逃人的情况是减少了很多，只得继续为入关的满洲人耕种土地，充当奴隶。

　　正是由于多尔衮的这一系列的高压政策，汉族人民生活在被压迫的境地，无法获得自由。许多百姓流离失所，挣扎在死亡线的边缘。多尔衮征服全国的铁骑仍未停下脚步，直到康熙元年（1662），清廷才完成了对中国大陆地区的完全统一。

多尔衮的英雄末路

顺治三年（1646），南明小朝廷只剩西南一隅，位于四川的张献忠日前也被豪格射杀。全国的抗清斗争逐渐陷于低潮，而已经统一的地区也逐渐趋于稳定，多尔衮开始将重心转移到对内巩固自己的统治上来。

他首先针对的便是当年制约他的济尔哈朗，这人从睿亲王一路压他到摄政王。济尔哈朗是努尔哈赤的弟弟舒尔哈齐的儿子，但从小被放在宫中养大，与皇太极等人的关系都很好。他本人也谦恭有礼，为人谨慎，基本上没有做过什么出格的事情。早年追随努尔哈赤，所累积的战功较高，受封为郑亲王。努尔哈赤死后，代善年事已高，不问政事，济尔哈朗便被作为唯一能够制约多尔衮的皇室宗亲被放在了多尔衮的对立面。

虽然济尔哈朗谨小慎微，对多尔衮基本构不成什么威胁。但妄想独尊的多尔衮也容不下他，一直在找机会除掉他。终于在顺治四年（1647），多尔衮盯上了济尔哈朗王府的建制，认为郑亲王府的台阶和所用的材料超过了一个亲王应有的规格，便以"殿台阶逾制"为由先罚了济尔哈朗几年俸禄。后又翻旧账，利用贝子屯齐、尚善等人的诬告言论——据这二人言，当年皇太极过世的时候，济尔哈朗秘不发丧，并与两黄旗大臣谋划擅自拥立肃亲王豪格。认为济尔哈朗有谋反的野心，削了他的亲王爵位，降为多罗郡王。

处置完济尔哈朗后，多尔衮便将矛头对准了昔日的皇位竞争者——豪格。早在顺治皇帝登基后不久，多尔衮就找理由幽禁了他。后来虽然恢复了他的肃亲王爵位，命他南下镇压南方明军残余势力及农民军，虽有大功亦不封赏。顺治三年（1646）三月，刚从前线归来的豪格便卷进了为他罗织的大网里——作为济尔哈朗曾经策划拥立的人，你就是漩涡的中心。其后将南征过程中的种种罪行套在了他的头上，最后一锤定音：其罪当诛。

碍于豪格是宗室子弟，死罪可免，活罪难赦。于是便一纸诏书将他关进了牢狱内，同是幽禁，待遇却完全不同。这种落差感导致豪格精神崩溃，很快便在大狱里郁郁而终。

一连搬走了独尊路上的两个绊脚石，加上顺治五年（1648）代善的去世，多尔衮很快膨胀起来。他除了大肆封赏自己的同母弟弟多铎外，还将自己的称号改为"皇父摄政王"，颇有"谋权篡位"的感觉。

但他还没有享受这种万人之上的荣耀多久，顺治七年（1650），在一次外出围猎的时候，多尔衮便中途崩殂，去世了。据载，多尔衮去世后，顺治皇帝亲自率众臣出城迎接他的灵柩。并追封他为"敬义皇帝"。伴随这一尊谥而来的不是死后的荣光，而是清算。

顺治八年（1651）二月，多尔衮的爵位被削，配享太庙的尊号也被撤销。其家产全被抄没，就连其母在太庙的配享也被撤了出去，庙号自然也被废。由此可见，顺治皇帝对多尔衮大权独揽的愤恨之情。

顺治皇帝：清军入关第一主

顺治皇帝名福临，是皇太极和庄妃博尔济吉特氏的第九子。虽名为福临，他的童年却几乎没有享过福气。就在他六岁那年，被叔父多尔衮扶上帝位，成为清朝的第三位皇帝，年号顺治。

由于年纪小，顺治皇帝并不能亲政，左右立着两位摄政王叔父。实际上却是多尔衮一人大权独揽，享受着皇帝的尊荣。多尔衮辅政期间，不仅乾纲独断，随意处置他信任的兄长、叔父，就连对皇帝的基本跪拜礼仪都省去了。随着年龄的增长，这种压迫感日益让小皇帝感觉不满，对多尔衮的仇视之心也愈加增长。

顺治八年（1651），在短暂尊崇了一下病逝的"皇父摄政王"多尔衮后，福临亲政。他所做的第一件事就是削去多尔衮的爵位，将其及其生母从太庙配享中除名，废除庙号。同时对多尔衮的家产展开清算，通通籍没。据说就连下葬的多尔衮都遭到了小皇帝的鞭尸。

处理完私人恩怨，顺治帝又在政治、经济方面展开了一系列的改革，使得刚入主中原的清朝能更适应汉族文化，同时也进一步完善了以君主为中心的中央集权制度。

政治方面，顺治皇帝取消了五大臣、诸王及宗族子弟管理六部的旧例，改为任用六部官员。又设置宗人府，对宗室子弟加以管理。同时还规定皇帝一个月要临朝三次，并在春秋时举行两次经筵。还取消了当时只有满族大臣才能上疏陈奏的制度，要求汉族大臣凡官职在侍郎、卿以上者也可一起奏事。为防止像前朝那样出现宦官干政的情况，设置了十三衙门，用来劝诫宦官，同时宦官的品级最高不超过四品。

为缓和民族矛盾，他废除了严苛的逃人法，并下令废除旗人的圈地运动。同时开始与西藏方面接触，顺治九年（1652）九月，顺治皇帝亲自接见了西藏的五世达赖喇嘛。

文化方面，顺治皇帝十分倾慕汉族文化，博览群书。并规定在每个旗设置宗学，未受封的宗室子弟，年满十岁均可入学学习。

随着这一系列举措的颁行，全国局势得到了稳定，民族矛盾也趋于缓和。然而就在此时，这位一向有野心的皇帝却突然觉得厌倦了，走上了寻求解脱的道路。他所谓的解脱之道，便是潜心问佛，这便有了后来的顺治皇帝出家的说法。

顺治皇帝疑云：出家还是病逝

推行新政的道路并不是一帆风顺的，尤其是顺治皇帝还要剥夺自己那些长辈们已经掌握的权力。加上他对汉人大臣的一定程度的重用和对逃人法、圈地运动的一定程度上的终止。这些政策无不在损害满洲贵族利益，顺治皇帝也是在逼疯这些贵族的边缘疯狂试探，自然遭到了这些贵族的强烈抵抗，实际推行的阻力重重。

如果说，能给予他一丝温暖的应该是后宫的嫔妃，可是顺治皇帝的后宫，可谓是冷若冰窟。他的两位皇后均来自蒙古族的博尔济吉特氏，全是政治联姻。其中一位彪悍善妒，而第二位则极其平庸。这二人均无法给心累的顺治皇帝以安慰，于是在废除了第一位皇后后，顺治皇帝开始沉溺研究佛法，企图从中找出一点安慰。

就在这时，他遇到了一位令他暂时放松的姑娘——董鄂氏。这位董鄂氏是一位满洲人，在她进宫之前，顺治皇帝的后宫几乎都是由蒙古部族的姑娘组成。董鄂氏入宫后不久，即被封为贤妃。然而仅仅过了一个月，顺治皇帝便以董鄂氏贤良淑德，没有能超越其上者为理由，册封她为皇贵妃。且除了给她一个隆重的册封大典外，还因此大赦天下。除了皇太极因海兰珠生皇子外，这种大赦天下的情况在清朝历史上是绝无仅有的。

他们的日常相处也颇为和谐，董鄂氏总是等顺治帝下朝后方用膳。顺治皇帝每每批阅奏章至深夜，董鄂氏也在一旁为他填香研墨。有时候顺治皇帝会让董鄂妃一同批阅奏章，但董鄂氏总以"后宫不能干政"为由，婉言谢绝。而且她还会在顺治皇帝怠政的时候提醒他要专心，认真批阅奏折。

第二年，董鄂氏就生下一个皇子。为此，顺治皇帝再次大赦天下。尽管在此之前，他已经有了三个儿子。但在诏书中，仍称这个皇子为"第一子"，并以嫡子的身份要求群臣朝贺，颇有以后要立为太子的意图。

怎奈天不遂人愿，这位小皇子很快夭折。董鄂妃伤心欲绝，顺治皇帝更是悲痛。然而让他更难受的是，没有走出丧子之痛的董鄂妃在缠绵病榻一年后也去世了。顺治皇帝悲痛之下，追封她为皇后，并按照皇后的规格礼仪安葬了她。

正是由于顺治皇帝对董鄂妃的这种深情，才有了在董鄂妃去世后，顺治皇帝心灰意冷，然后愤然出家的说法。实际上，顺治皇帝安排了一位名为吴良辅的宦官来代替自己出家，还亲自去悯忠寺观看仪式。不幸的是，当天晚上顺治皇帝就染上了天花，高烧不退。因当时的天花是不治之症，无有效的药可医治，顺治皇帝就这样驾崩了，年仅二十四岁。

孝庄太皇太后

顺治皇帝福临死后，遗诏中立第三子玄烨为帝。当时的玄烨也不过才八岁，根本没有处理政事的能力。为此，顺治在遗诏中又命四位辅政大臣协助处理朝政。但小皇帝的成长却与一位女强人密不可分，这就是玄烨的祖母——孝庄太皇太后。

孝庄是后世给她的谥号，她本名布木布泰，是蒙古部族博尔济吉特氏布和的次女。十三岁的时候嫁给了皇太极为侧福晋，后来皇太极称帝后，封她为庄妃。最初的时候，庄妃的地位仅次于其姑姑。后来随着姐姐海兰珠及其他蒙古女子的入宫，尤其是皇太极对海兰珠的专宠，庄妃的地位一降再降，一度成为后宫中的"小透明"。

后来其子福临被立为帝，她方被尊为皇太后。虽不临朝，但在皇帝成年之前，仍然呵护着小皇帝，并教导他读书识字。等到顺治皇帝驾崩，孝庄皇太后便把这种呵护全数付给了刚被立为皇帝的玄烨。康熙皇帝不像叛逆的顺治皇帝，对祖母的教诲尽数接受，并且十分喜好读书。在他十岁的时候，亲生母亲佟佳氏不幸病逝，康熙皇帝悲痛欲绝，便更加孝敬自己唯一的祖母了。每次出巡盛京的时候，几乎每天都要派人入宫询问孝庄太皇太后的身体情况。在河里抓到大鱼的话，还要派人将鱼封好，送到宫中给祖母品尝。

孝庄太皇太后也不是一个权力欲望很强的人，她对康熙皇帝的教导均是发自对儿孙辈的关怀及对清朝未来的考量。平定三藩之乱时，孝庄太皇太后还节省后宫的开支，捐出银两让康熙皇帝犒赏将士。而每次荒年的时候，她也会从自己的积蓄中拿出钱来赈济百姓。

　　康熙二十六年（1687），孝庄太皇太后去世。一般来说，应该是要与盛京的皇太极合葬，但她却对康熙皇帝说，盛京遥远且皇太极已入土多年，自己不愿意回去，更舍不得在北京的顺治皇帝和康熙皇帝。如果选择安葬地的话，让她离顺治皇帝近一些就好。康熙皇帝是一个孝顺的人，他遵从遗嘱没有将孝庄太皇太后的灵柩送回盛京。非但没有送回盛京，反而把孝庄太皇太后生前居住的宫殿拆掉重建于昌瑞山下，并将灵柩安置于此。直到雍正三年（1725），才在原址的基础上建立陵寝。

清前期：最后的盛世光辉

少年天子的艰难继位

康熙皇帝名为玄烨，是顺治皇帝的第三个儿子。他的母亲佟佳氏也不得宠，所以他并不是顺治皇帝生前属意的儿子，却在最后登上皇位，这都源于他得过天花。原来顺治皇帝就是因天花而丧命，这种病非常凶险，在当时几乎无药可医。为了国祚绵长，顺治皇帝在临终前选择了已经出过痘的玄烨为帝。

清朝初年，瘟疫肆虐，当时紫禁城内天花传播得十分厉害。清朝皇室已经有许多人染上了天花，随时都有性命之虞。因此在玄烨刚刚两岁时，便被乳母带着到北京西郊避祸。但还是没能躲过，小玄烨烧得死去活来。就在所有人都以为他活不成的时候，他却奇迹般地活了下来，只留了一脸的痘疤。

但也因为躲避天花，小玄烨从小就远离父母，没有在父母膝下承欢一日。他的母亲佟佳氏也在他十岁的时候得病去世了，玄烨虽小，却是在母亲灵前日夜守丧，以全孝心。

幼年继位的玄烨虽没了父母，却有一个悉心教导他的好祖母。在祖母的教导下，他满文、汉文甚至骑射，一样都没落下。学习经文之余，还要学习帝王治国之道。玄烨并不叫苦，反而通宵达旦地学习。

早年因为玄烨年幼，不能亲政，顺治皇帝在临终前指派了四位辅政大臣。由于顺治皇帝生前受够了宗室掌权的苦，所以他为小皇帝选的大臣均不是出自宗室。他们分别是索尼、苏克萨哈、遏必隆和鳌拜。其中，索尼被任命为首辅，这就埋下了四位辅政大臣争权夺利的隐患。索尼是早年追随努尔哈赤的满洲正黄旗人，经历了皇太极、顺治帝两朝，可谓是三朝元老，故他当首辅并无争议。问题就出在苏克萨哈、遏必隆和鳌拜这三人身上。苏克萨哈和遏必隆虽不是宗室，但也都算得上是皇亲国戚，其祖父都娶了公主。只有鳌拜一人是从最底层做起，靠着自己的勇武当上了三等昂邦章京。

鳌拜自认为自己是靠着实力坐上现在的位置，对于自己屈居苏克萨哈之下甚为不满。在他看来，苏克萨哈就是个卖主求荣的墙头草，靠着家族关系才能坐上辅政大臣的交椅。再看索尼和遏必隆，这两人一个年迈，一个软弱，均不会为了争夺权力而出头。因此，鳌拜与苏克萨哈的对决只在早晚。

果然，索尼死后，鳌拜便借着自己背靠两黄旗的势力，对苏克萨哈"大打出手"。最后将二十四项大罪扣在了苏克萨哈的头上，祸及子孙。苏克萨哈招架不住，自己被处以极刑，子孙也难逃流放厄运。此后，鳌拜自视为第一功臣，便渐渐不把小皇帝放在眼里了。

康熙皇帝彼时还小，对于鳌拜如此做法虽然暂时姑息，但却默默记下了一笔。他是断不容许鳌拜一人把朝堂权力攥在手中的，这种姑息也为日后扳倒鳌拜埋下了伏笔。

扳倒鳌拜

康熙六年（1667），这时候的康熙皇帝已经十四岁了。少年天子跃跃欲试，认为自己已经积蓄了一定力量，也不再是小孩子，便可以亲政了。而此时索尼、苏克萨哈等人也忍耐鳌拜专权许久，便联名上奏，请求康熙皇帝亲政，以便收回辅政大权。

于是，在奏请了孝庄太皇太后以后，康熙皇帝便开始正式独立处理政事了。但出乎他意料的是，鳌拜并不愿意放权，军政大事还是要先过辅政大臣的手，然后这些大臣再到乾清宫向康熙请安，顺便再汇报一些大事的处理结果。如此看来，康熙皇帝还是没有处理朝政的权力。

尤其是当苏克萨哈全族覆灭后，更无人可抵挡鳌拜嚣张的气焰。就连同为辅政大臣的遏必隆每次上朝的时候还都要让鳌拜几步，对他也甚是卑躬屈膝。很快，朝中见风使舵的大臣便纷纷依附鳌拜。许多重要的大事，负责相关事宜的大臣便直接到鳌拜家中汇报。除了这些，鳌拜还可以擅自处理官员，对于一些不服从他的官员，除了被撤职就是被处死。他将自己的亲信尽数安插在六部，皆身居要职。

就这样，小皇帝憋屈地亲政了两年。如何将鳌拜从朝堂清理出去，他也认真地思考了两年。他更像是一个安心蛰伏的猎人，一动不动地观察着猎物，静静等待时机成熟。

对于鳌拜这样一个政治上成熟的老手，显然不能以政治手段制服他。鳌拜之所以傲慢，皆因他只把皇帝看作一个孩子，认为这样一个孩子是没有资格或者机会与自己博弈，更挑不起这万钧江山。他没想到的是，自己也就是栽在了这样一个孩子手里，用一场孩子似的游戏，结束了他的政治生涯。

是日，康熙皇帝召集了几个少年摔跤手，让他们相互格斗，并且自己也加入了这场摔跤比赛中。正准备进入宫内上奏朝政的鳌拜一看，皇帝根本没有在看之前的奏折，而是忙着玩耍。心下顿时放松，便把奏折放到一边，撸起袖子加入了他们的行列——鳌拜早年从军时就是力大无比的壮士，也爱与士兵们摔跤，曾经被赐称号"巴图鲁"，即满洲第一勇士。

正当他想给这群少年一个下马威时，孰料这群摔跤手一哄而上，把鳌拜按倒在了地上，用绳子捆了起来。此时的鳌拜还以为是小皇帝跟他开的玩笑，自嘲着老了不禁摔了，便要小皇帝把他放开。

结果康熙皇帝这时脸色一沉，当庭宣布了鳌拜的几大罪状，随后交给了议政王大臣审理处置。经过审议，整理了三十条鳌拜的罪状，条条死罪，鳌拜皆表示认罪伏法。随后康熙皇帝来到大狱，鳌拜便脱下自己的衣服，袒露出自己身上的伤疤，并说这些都是为了皇太极而留下的。康熙皇帝竟有些动容，当即宣布念在鳌拜之前的战功，免其一死，革去官职、爵位，终身监禁。

借此机会，康熙皇帝又除掉了遏必隆及其在朝党羽，将权力牢牢抓在了自己的手里。

三藩割据:未曾安宁的南方边境

所谓三藩，是指清朝初年由明朝转投清廷的三员汉将，分别是吴三桂、尚可喜和耿仲明。他们皆是在明末清初带领部分兵士和火器投降了清朝，并在扫除全国叛乱和残余明军时，发挥了重要作用。因战功卓著，吴三桂被封为平西王，世镇云南、贵州；尚可喜被封为平南王，镇守广东；而耿仲明则被封为靖南王，镇守福建。这三人不仅各领一块土地，管辖一方百姓，还有自己的军队——绿旗兵，这些都是当初跟随他们一起投诚的明朝士兵。同时，所管辖地区的官员也归他们任免。可谓是一时权势滔天，成为割据一方的藩镇。

这三藩之王也自视甚高，在自己管辖的地区内为所欲为，且并不把皇太极以后的皇帝放在眼里。顺治皇帝驾崩时，吴三桂一度率领边军入塞，以祭拜的名义企图入京。但被阻拦在了城外，命其搭棚祭拜即可。

康熙皇帝亲政后，便将统一大业的第一步定在了这三块地方。但没有理由和机会，强制削去这三王，可能会造成边疆地区大规模动乱，这对刚刚恢复元气的清王朝不是明智之举。故虽然康熙皇帝亲政数年，有削藩之心，却并无行动，只看他们继续为祸一方。

终于，机会来了。康熙十二年（1673），尚可喜上奏请求将爵位传给儿子尚之信，自己则回辽东养老。经过与议政王五大臣的商议后，康熙决定借此机会尽撤三藩，命三王俱率领其部下撤回山海关外。然而，诏命尚未发布，便被吴三桂在朝中的眼线探得，于是他与耿精忠（耿仲明之子）便在这年七月主动上疏请求撤兵，以试探朝廷虚实。

　　而朝中就是否尽撤三藩也产生了分歧，大学士索额图等人认为三藩久镇边疆，贸然撤藩容易造成人心惶恐，且万一三王齐反，朝廷远程奔袭，未必能全部剿灭。而兵部尚书明珠等人则认为三藩在边镇不断坐大，是威胁清朝的一大隐患，必须尽快除掉。康熙皇帝此时考虑的也是统一全国的大局，对于撤藩是否反的问题，他认为吴三桂的儿子和耿精忠的几个弟弟都在宫中值宿，算作人质，他们就是想反也要考虑到自己亲人的性命。

　　在这种情况下，康熙皇帝下令，命三藩撤回山海关外。此命令一下，吴三桂顿时不再抱有任何幻想，他本以为皇帝会像康熙六年（1667）的时候，在自己找理由交出政权时加以挽留。于是，他便开始封锁城池，聚集兵马，并暗中联系耿精忠等人，跟其他省的昔日同僚联络，做好了叛乱的准备。

师出无名的三藩之乱

就在康熙皇帝的撤藩命令正式下达到三藩时，吴三桂等人已经在积极谋划叛乱路线了。康熙十二年（1673）九月，清廷派出折尔肯和傅达礼等人到云南宣读诏命，并督促吴三桂及其亲眷启程回关外。吴三桂虚与委蛇，表面应付，实际上是在找谋反的理由。本打算找明朝宗室后裔立为旗帜，但又是他亲自押解永历皇帝至云南，并杀之。明朝遗民皆视其为仇敌，怎么可能与其共事。

谋反一事，一直拖着，吴三桂又恐夜长梦多，还未举旗就被泄露出去。于是便于十一月举起"义旗"，自言拥戴明先皇三太子，欲推翻清朝统治，恢复大明。同时改换了明朝衣冠，杀掉云南巡抚朱国治，并扣押了不从其一起谋反的官员。云贵总督提前得知吴三桂谋反的消息后，即派人告知川湖总督，但其本人却被叛军包围，最终自杀身亡。

除了发布讨伐檄文，吴三桂还积极联系远在台海的郑氏家族，邀请他们一同举兵。耿精忠和尚可喜闻讯后，也加入了举兵的队伍，三藩之乱自此开始。

举兵初始，三藩联军气势如虹，很快取得了压倒性的胜利。吴三桂从云贵直取湖南，大部分城池都落入吴军手中。而听闻吴三桂谋反后，其在四川的老部下王辅臣也跟着举兵，从四川大举进攻陇右，趁势拿下陕北。而在南方，不仅有耿精忠、尚可喜的部队，还有台湾的郑经也从海峡登陆，大大加强了福建耿精忠的兵力。很快，清朝的半壁江山尽落叛军之手。

清廷八旗子弟因日久升平，久不经沙场，仅勉强以长江为天堑，将叛军

059

阻拦在长江以南。一路凯歌的吴三桂在此时也显露了其眼光的短板，他并没有趁机一鼓作气打过长江，而是试图与清廷谈判，欲划江而治。

就在此时，三藩联军的破绽被康熙皇帝找了出来，这个"破绽"就是王辅臣。康熙十五年（1676），王辅臣在平凉被清军打败，康熙皇帝趁机对其加以策反。王辅臣本身就是这场叛变的投机者，只想捞一把好处，赔上性命的事情断然是不干的。在清军将领的游说下，王辅臣投降了。

如此一来清廷在北方的威胁迅速解除，康熙皇帝便把目标转移到了南方。就在此时，经过海峡登陆福建的郑经开始迅速占据漳州、泉州、汀州等地却不向前进。这让在前方作战的耿精忠感到一丝恐惧——他怕自己没有从叛乱中先分一杯羹，老家却被人抄了。于是他迅速从前线战场抽身，赶回福建与郑经开战。结果清廷坐收渔利，耿精忠投降了清廷。东南战场结束后，尚可喜也感受到了危机，吴三桂正在湖南战场，完全顾及不到他，势弱的尚可喜很快投降了。此时的叛军就只剩下在湖南孤军作战的吴三桂大军，清军此时也能腾出手来专心攻打湖南被吴军占据的要塞城池。

康熙十七年（1678），为了鼓舞士气，吴三桂在衡州称帝，国号大周。但是他的皇帝位没坐多久，便在秋天去世了。吴世璠虽然继承了帝位，却没有吴三桂的威望，叛军离心离德，一路溃散回到云南。清军逐步收复了湖广、四川等地。到康熙二十年（1681），清军逼近昆明，吴世璠被迫自杀，三藩之乱终于落下帷幕。

至此，除台湾以外，清廷已经统一了中国大部分疆域，基本奠定了中国的现代版图。

收复台湾：康熙皇帝的统一大业

平定三藩之乱后，康熙皇帝意识到，是时候考虑收复台湾了。是什么让康熙皇帝将这一行动提上日程的呢？答案就是来自郑氏父子的威胁。

此时的台湾仍然由郑氏父子掌控，郑成功占据台湾后，其余生都在考虑如何恢复大明基业。怎奈永历皇帝死后，他再也找不到机会与大陆联系，一直都处于蛰伏阶段。而清朝忙于清剿农民军，随后而来的是三藩动乱。也就是在这个过程中，郑成功去世了，其子郑经继承了他的遗愿。借着三藩动乱，趁机登陆厦门，试图与叛军联系。

郑经的大胆登陆让康熙皇帝意识到台湾的隐患越来越大——台湾一日不收复，郑氏父子便会一日像这样随时威胁大陆。就这样，康熙皇帝开始为彻底收复台湾做准备了。

早年，康熙皇帝曾寄希望于和平解决。自康熙六年（1667）起，清廷派出以福建总兵孔元章为首的使团前往台湾与郑经谈判。为保证和谈顺利，孔元章还随身携带了郑经舅舅的信，企图以亲情取胜。郑经也答应了称臣、纳贡一事，同时还答应愿意派子到京城当人质，但他只有一个条件：不剃发不易服，且留守权力比照朝鲜。这显然与现在的境况无疑，孔元章拒绝了这一条件，和谈告一段落。

但老谋深算如郑经听闻清廷选施琅任攻台的将军后，便也顺手使了一招反间：他在谈判的过程中，假装无意提起，问了一句孔元章是否有和施琅关系好的文书凭证。这下让孔元章的心里敲起了鼓点，他回去后转头汇报了清廷这一讯息。清廷一向对降将保持警惕并随时怀疑，得到这一消息后，施琅立即被解职回北京，就连已经训练的水师都作废了。

随后清廷便进入了长达八年的平三藩的战争，久久不能脱身。直到康熙二十年（1681），郑经去世，郑克塽即位，他年仅十二岁，无力掌控台湾岛内的局势。而围绕权力，台湾内部争斗日趋激烈，人心涣散，负责同清廷谈判的傅为霖甚至自愿充当内应，只等清军打进台湾。这让康熙皇帝看到了希望，于是康熙二十二年（1683），在姚启圣和李光地二人的共同举荐下，清廷任命施琅为福建水师提督，正式向台湾进军。

此时驻守澎湖列岛的是刘国轩。由于台湾本岛内部忙于争权夺利，根本无暇顾及澎湖，尽管刘国轩拼死抵抗，血战数日，施琅还是拿下了澎湖列岛。而随之而来的便是郑克塽方面发出的投降书，上面写着愿意剃发易服，希望能留居台湾。但遭到了施琅的拒绝，他一鼓作气打入台湾本岛，并命郑克塽等前明官员在岛内张贴剃发易服的告示。

随后以郑克塽为首的前明官员被押至京城，按照先前的约定，康熙皇帝授予郑克塽等人以爵位，并赏赐丰厚。自此，康熙皇帝完成了收复台湾的大业。

沙俄侵略：雅克萨之战一触即发

来自沙俄的隐患起源于明末，彼时国内战乱动荡，明廷无力管辖。而沙俄则趁机一直在西伯利亚东部地区扩张，随后到达勒拿河流域，并在此建立了雅库茨克城。

当时勒拿河流域的主要居民是一些女真部族，沙俄来到这片地区后，大肆掠夺当地百姓的财富，并袭击了一些部落首领。到了崇祯十六年（1643），沙俄将侵略的手伸到了黑龙江流域。但当时的明廷深陷两面作战，根本无暇顾及沙俄对东北地区女真部族的掠夺，于是居住在这一流域的女真族百姓成为第一批拿起武器抵抗侵略的人民。

后来清军入关，又忙于统一南方地区、平定三藩之乱等问题。虽有战报不断传来，但清朝皇帝忙于关内，对于沙俄的入侵仅仅派人前去交涉。显然，和平的手段无法阻止沙俄东进的脚步。很快，他们便占据了中国的雅克萨和尼布楚两地，并在那里建筑军事工程，作为入侵的据点，不断骚扰黑龙江中下游的百姓。

直到康熙二十一年（1682），康熙皇帝结束了南方对吴三桂的战争，便立即腾出手来亲赴关东地区巡视，查看沙俄入侵的情况。并按照当时的实际环境制定了以下几条措施，为武力驱逐沙俄侵略做准备：首先，命副都统郎坦、彭春和萨布素等人借由打猎，率领一支一百余人的小队，越过黑龙江侦查沙俄在雅克萨地区建立的工事以及周围的地形等情况，后又发动当地的达斡尔和索伦两个部族的首领监视雅克萨、尼布楚两地敌军动向。其次，命人在瑷珲筑城，建立军事工程。同时还迁去大量军队及其亲眷，在当地屯田，建立后方供应基地。而后在前线至吉林一带设立驿站，方便及时通信。最后还命东北地区加紧将军粮运输至瑷珲前线，做好后勤准备。

康熙二十二年（1683）九月，清军统领再次向雅克萨城内的沙俄侵略军发出通牒，要求他们撤退。但雅克萨的军队不以为然，并派出军队到瑷珲城，企图耀武扬威。但被瑷珲城内的守军击败，而后趁机将沙俄军队在黑龙江下游的军事工程全部拔除。如此一来，雅克萨城便孤立无援了。

而此时，北京的康熙皇帝也做好了集结八旗军队的准备，随时开赴雅克萨前线，准备将沙俄军队赶出中国土地，中俄之战一触即发。

第一次雅克萨之战

康熙二十四年（1685），在最后一次派出使者向俄军发出通牒未果后，康熙皇帝正式下令以武力解决问题。任命彭春为都统，并任命郎坦、班达尔沙及萨布素为将军，率领三千八百名旗兵前去攻打雅克萨城。

这支部队随军携带了大量可以攻城的火器，同时还有一支由刘兆麟率领的水军沿着黑龙江流域一起北上，以做埋伏支援。除了正面攻城的军队，清廷还命蒙古部族杜尔伯特及扎赉特两部分别率领一支骑兵部队，严防由尼布楚方面前来支援的哥萨克军队。

六月，清军抵达雅克萨城下，并于第二天发动攻击。清军在三面布置了重型攻城火器，四十三门火炮一起向城内开炮，这对于由木头制造的雅克萨城来说无疑是致命打击。俄军守将托尔布津见南方攻城势力薄弱，便率领一百余火枪手出城，企图突围。而负责南面的清军将领雅钦和胡布诺本就有所埋伏，他们边打边退，俄国人以为清军不敌，便追出城外。岂料这时事先埋伏的火炮兵开始进攻，俄军猝不及防，有十余人丧生于火炮之下，其余的仓皇撤回城内。

在如此密集炮火的进攻下，雅克萨城早已不支。城中建筑被击中的不在少数，连绵的大火烧毁了大部分的商铺，有些教堂也没能幸免于难。就在托尔布津寄希望于尼布楚来的援军时，后方传来消息：这支军队惧怕清军密集的炮火，临阵撤退了。最后的希望归于破灭，托尔布津只得派人出城谈判。

经过谈判，俄方提出将雅克萨城献给清方。但要求清方放归其在城中的俄国百姓，并允许他们携带一定的物资，不得扣留普通俄国百姓作为人质。清方都统彭春表示同意，并给他们一定的时间撤退。自此，第一次雅克萨之战告终。

七月，康熙皇帝重赏了彭春等参与雅克萨战役的将领。并将在战争中归顺清廷的俄国人安置在北京，并编入了满洲八旗中。对于已经攻打下的雅克萨城，清廷却并没有设置兵力驻扎，更不用说城防部署。只是在黑龙江流域增加驿站，继续派人屯田，准备开始休养生息了。

第二次雅克萨之战

就在康熙皇帝以为这帮俄国人被打服了，在黑龙江流域展开大规模屯田，准备休养生息的时候，折返回尼布楚的俄国人带着新的有生力量和部分军队回到了雅克萨，并在已经焚毁的城堡旧址上重新建造了一座土制城堡。

这个消息直到康熙二十五年（1686）才传到康熙皇帝那里，还是在一次机缘巧合之下：三月时，清军的一支巡逻小队在黑龙江流域与一支三百人的俄国军队不期而遇，结果只有九人幸运逃出。盛怒之下，康熙命萨布素率领两千余名士兵构成的军队，并携带二十余门火炮再次开赴雅克萨。

虽然还是那座雅克萨城，但这城是土木混搭的外墙结构，坚实程度要高于那座木城。在军事火器配备方面，这次守城的俄军也要优于之前：千余人的军队配备了十二门火炮，人手一支新式燧发枪。面对这样的俄军守城，对清军来说，显然是巨大的挑战。

清军抵达雅克萨之后，便围绕雅克萨城修建了几层可以架构火器的城墙，同时也将雅克萨城牢牢锁在了里面，防止后期援军前来支援，也可以防止城内守军出城回尼布楚搬救兵。俄国人仗着此次火器与粮食都有一定囤积，便与清军打起了持久战。

在这场持久战中，俄军首领托尔布津被清军攻城火炮炸死。而雅克萨城的粮仓则在九月底被驻扎在黑龙江流域的清军火炮所击中，未能转移。期间，以拜顿为首的俄军将领曾经组织过突围，但都被清军猛烈的炮火给轰了回去，而来自尼布楚的增援则被蒙古的喀尔喀部打退了回去。

　　战事持续到十一月时，守城的俄军只剩下一百余人，且弹药和粮草都已接近枯竭。而清军方面，八旗士兵多是偏南方的人士，无法忍受西伯利亚的寒冷。许多士兵相继病倒。这场战争似乎演变成了双方的坚守战。

　　到十一月底，为减少伤亡，康熙皇帝下令，停止炮轰雅克萨城。而雅克萨方面因为疾病蔓延，也无力组织有效抵抗。在这种情况下，俄国摄政王索菲亚请求清廷方面解除围困，并提出谈判。康熙皇帝同意了这一请求，并准许城内剩余守军撤回尼布楚，双方于尼布楚展开了关于边界问题的和谈。

《尼布楚条约》的签订

康熙二十五年（1686），战争刚刚停息，俄方就迫不及待派出外交使团，前来与清廷谈判。俄国任命戈洛文为大使，弗拉索夫为副使。为保障使团的安全，还特意组织了一支约两千余人的军队。

当时的谈判地点定在色冷格，清廷也组织了相应的谈判使团前去。主要负责谈判的是索额图、尚书阿喇尼，负责护卫的是都统佟国纲等人。但不巧的是，当年七月，索额图使团行进至喀尔喀时，遇上了噶尔丹率领其部族人大举入侵喀尔喀部。道路被战争所阻，索额图使团不得不赶回北京。

直到康熙二十八年（1689），谈判才重新启动。经过上一次的教训，双方决定把谈判地点定在尼布楚。但是在出发前，康熙皇帝给了谈判使团两点很重要的指令：一、黑龙江流域包括尼布楚、雅克萨在内的所有城市均是中国的领土，不能让给俄国人。二、勒令俄国人把叛逃的达斡尔首领归还给清廷。

带着既定方针，索额图使团便出发了。为了双方能和平地坐下谈判，俄方要求谈判双方的侍卫所携带物品除了佩刀外，均不得有其他任何武器。并且在谈判过程中，侍卫要退到相应的距离。但这些要求并没阻止双方的剑拔弩张，双方坐在谈判桌上，还没有开始争国界，就开始了相互指责。

首先俄国的谈判代表戈洛文指责清方毫无征兆便征伐俄国，导致边境不宁。而索额图则据理力争，历数俄国对清朝百姓的掠夺和在清朝领土上建立城池的罪行。谈判进行到第二天，双方代表才指出界限问题。戈洛文提出以黑龙江为界限，黑龙江以北划归俄国，以南归清方。此提议遭到了索额图的强烈反对，他再度谴责了俄方侵占中国领土的行径，并要求俄方归还所占领的尼布楚和雅克萨城，最后提出以勒拿河、贝加尔湖为界限。但戈洛文表示坚决反对，经过一番争执，戈洛文表示接受以牛满河为界限。但当索额图提出以尼布楚为界时，戈洛文表示坚决反对。

就在此时，噶尔丹率领的准格尔部已经占领了喀尔喀部的领土。戈洛文称，此地领土归属准格尔，并不归属清朝，清朝没有条件与自己争论这一部分领土的界限问题。同时，为了对清朝施加压力，还增派几百名火枪手站在哨卡。而清朝的索额图生怕和谈破裂，北方疆土再陷战火，于是表示再次让步，以石勒喀河的格尔必齐河为界，但仍然要收回雅克萨。戈洛文态度强硬，还想逼清朝妥协。

谈判正在进行时，俄方后院突然起火，尼布楚周围的居民不堪忍受俄国暴虐，奋起反抗，就连喀尔喀部的蒙古人也发动了起义。而索额图已经退让过一次，雅克萨是底线，听闻戈洛文的态度，立即命令对岸清军渡河。

这一系列的变故导致戈洛文心生恐惧，生怕清廷翻脸，当即派人表示同意清廷划定界限的建议。到了九月，清廷与俄方在尼布楚举行了隆重的签约仪式。索额图和戈洛文先后在条约上签字、盖章，并宣读誓词，相互交换条约。这就是著名的《尼布楚条约》。

《尼布楚条约》又称《涅尔琴斯克条约》，这是中国在清朝时期和俄国签订的第一份边境条约，明确划定了中俄双方在东北边境的界限。

条约规定：一、双方以格尔必齐河-外兴安岭一线为国界，外兴安岭以南一带的领土及流入黑龙江的大小河川应归清朝所有，岭北则归俄方。同时划定流入黑龙江的额尔古纳河为国界，河水以南归清朝，河水以北则是俄方的领土。但就兴安岭与乌第河之间河流及领土划分，尚不明确，在《尼布楚条约》中并未解决。只说待使臣回国后查阅典籍，方可确定。二、俄方应尽快拆掉在雅克萨城所建的城障，在此居住的俄国居民应尽快带上自己的所有物品返回俄国境内。两国居住在边境的猎户不得随意越过已确定的边界。若有一两个人因捕猎或因盗窃等理由，擅自越界者，立即缴械并遣送各该国境内官吏，审过案情，当即依法处罚。若有数十人结伴越境，有持械捕猎、杀人劫掠等情况，须报闻两国皇帝，依罪处以死刑。三、在此条约以前的一切事情均作罢，永不再提。自两国和好之日起，再有逃亡越境者，应立即缴械遣返。四、双方在俄或者在华之居民应悉听其意愿，如往常一样定居当地。五、自约定之日开始，两国持有护照的人民可越界进行贸易等活动。六、和好已定，两国永敦睦谊，过往边境一切争执永予废除，倘各严守约章，争端无自而起。

这份条约被刻在石头上，作为两国界碑，永久有效。

北疆争端

清初，在北方的蒙古部族分为漠南蒙古、漠北喀尔喀蒙古和漠西厄鲁特蒙古三个部族。最初这三个部族都与清廷交好，漠南蒙古更是直接依附于清廷，在清军入关之前，为清军提供北面入北京的便道。

到了康熙年间，属于厄鲁特蒙古的准噶尔部在噶尔丹的治理下，日渐强大，开始攻击和吞并其他部族的资源。中俄雅克萨之战的间隙，他更是率兵直接进攻喀尔喀部族，一度导致使团无法顺利到达与俄国签订条约的地方。喀尔喀部的土谢图汗部的察珲多尔济与哲布尊丹巴一世在噶尔丹占领喀尔喀部以后，选择了投靠清廷，请求康熙皇帝的庇护。

而准噶尔部的首领噶尔丹此刻便以追击喀尔喀部残余势力为理由，康熙二十九年（1690）五月，率蒙古骑兵沿大兴安岭一路南下，气势汹汹，直奔北京而来。面对准噶尔的嚣张气焰，清廷自然不能坐视不管。当年七月，康熙皇帝便决定亲征噶尔丹，发兵十万分兵三路迎战准噶尔部，福全为抚远大将军进攻左路，由古北口出击，常宁为安北大将军进攻右路，由喜峰口出击，西路则当时驻扎盛京、吉林将军出兵，协同作战，康熙皇帝则亲自坐镇博洛和屯督战。

常宁率领的右路军行进至乌珠穆沁便与准噶尔部发生了遭遇战，但由于清军后勤补给没有跟上，被准噶尔部打得节节败退。噶尔丹率军紧追不舍，很快就要追上福全的左路军。为防止两路大军被截断，康熙皇帝命右路军的常宁会合，将准噶尔部大军阻挡于高凉河以北，同时命康亲王杰书率军至归化，截断噶尔丹北归的退路。

此时，福全已派斥候侦查到噶尔丹的驻扎营地——乌兰布通，但这个营地在山坡上，周围没有可以当作屏障的掩体。噶尔丹便命令士兵将数万头骆驼绑起来卧倒于营帐周围，并在骆驼背上装上箱笼，蒙上浇湿的毛毡，士兵便躲在这里以对抗围攻的清军。福全见状立即调整了军事部署，将火器兵部署在最前方，集中火力进攻"骆驼防线"，后面的步兵和骑兵借机攻击躲藏的准噶尔士兵。

噶尔丹见大军抵挡不住，便趁机向清廷求和。趁此机会，噶尔丹则率领残部渡过沙拉木伦河，沿途烧掉了周围野草，阻拦了清军追击的脚步。福全未曾料到这是噶尔丹的缓兵之计，等他反应过来时，噶尔丹已率军逃出了清朝边境。但此刻，福全部千里奔袭，所带粮草已不足支撑他去追击准噶尔部逃军。于是他便擅作主张，下令班师。

康熙帝看到未能活捉噶尔丹，对福全十分不满。但也未当即治罪，只是自己率禁军先行回京，命福全继续驻扎漠北善后，第一次征讨准噶尔部的军事行动便告一段落。

昭莫多之战

经过康熙二十九年（1690）一役，噶尔丹虽然没有落得被活捉的下场，但准噶尔部也是元气大伤。战后，噶尔丹立即上书向清廷请降，但缺了很多诚意，实则包藏祸心，大有东山再起之意。而清廷也并未掉以轻心，在收复漠北后，将南归的喀尔喀蒙古收编，与内蒙古的八旗同编，以抵御噶尔丹的随时进犯。康熙三十三年（1694），康熙帝向几个蒙古部族下诏，参加喀尔喀部的会盟。噶尔丹非但没有参加，反而要求朝廷把喀尔喀部投降的土谢图汗等人交给他，同时还进到内蒙古企图策反科尔沁等部族，不臣之心昭然若揭。

果不其然，康熙三十四年（1695），噶尔丹卷土重来，他亲率三万骑兵在漠北肆意横行，先后侵犯了喀尔喀蒙古和巴颜乌伦。此时的噶尔丹有俄国撑腰，他号称自己有六万从俄国借来的鸟枪兵，在冬天过后便会大举进犯清朝。面对气焰如此嚣张的噶尔丹，康熙帝决定再次御驾亲征。

清方的军事部署是这样的：康熙帝亲率京师八旗军及火器营总计约三万余人由独石口北上，是为中路军。黑龙江将军萨布素则统帅东北及内蒙的兵力约九千人出东路，由克鲁伦河向西出发，防止噶尔丹东进。西路则由抚远大将军费扬古与孙思克统帅，出兵约五万人，由归化和宁夏北上，阻挡其后撤。为保证长途远征的顺利，康熙帝还专门组织一支粮草辎重部队，一方面能及时补给三路大军后勤需求，另一方面也能为穿越沙漠铺设道路，防止遇到流沙等突发状况，先行内耗。

三路大军会师路途并不顺利。先行的孙思克部由于长途穿越沙漠时经历暴风骤雨，人困马乏，延缓了行军速度，并未按照计划与费扬古在翁金会师。后为赶上与康熙帝亲率的中路大军会师的进度，又留下约一半兵力在后方慢行，两位统帅则率领四千精兵先行。但又遇上噶尔丹焚烧草原留下的大火，导致西路军于五月初四才到达会师地点。

集结完毕的三路大军随即摆开军阵，与噶尔丹的大营遥遥相望，等待与之一战。但噶尔丹一见清军如此阵仗，便弃营而逃。待他逃至特勒尔济口，碰巧遇上向北进发的费扬古。费扬古将噶尔丹的行迹报告给康熙帝后，便得到与中路派驻的硕岱一部汇合，诱敌深入至昭莫多完成合围。费扬古率部兵分四路，分别驻扎于昭莫多的高地，河流沿岸以及各个山头处。

噶尔丹所率大军果然被引诱至昭莫多处，费扬古见其已至阵前，便命火器营、弓箭手向下猛攻，打得噶尔丹部措手不及，但他们仍负隅顽抗。一时胜负难分，就在这时，宁夏总兵的一条建议起了关键作用。他提议派出两路骑兵进攻噶尔丹部的侧翼，再配合正面攻击，费扬古听罢表示赞同。很快便下达指令，命沿河部队和孙思克部夹击噶尔丹，自己则继续正面攻击。噶尔丹部果然自乱阵脚，噶尔丹的妻子阿努也被射杀，噶尔丹更无心恋战，先行逃离战场。

费扬古并没有放弃，率军追出三十余里，直追到了特勒尔济口。虽然生擒数百人，但还是没有擒拿住噶尔丹本人。经此一役，噶尔丹部元气大伤，势单力薄的他再也无力发动任何分裂战争，被噶尔丹侵占的领土重新由清廷管辖。

太子的废立问题

　　随着清朝入关日久，统治的逐步稳固，清朝统治者也逐步受到不同程度的汉化，立嫡立长这条立储"箴言"是首先被贯彻的。康熙皇帝与皇后赫舍里氏少年夫妻，感情甚笃，于康熙八年（1669）生嫡长子承祜，但还未等到康熙帝立他为太子，两岁时便早夭了，这令康熙帝悲痛不已。直到康熙十三年（1674）胤礽的出生才弥补了嫡长子缺失的遗憾，但同时也带走了康熙帝钟爱的赫舍里氏，这让他悲痛不已。

　　于是，胤礽从一出生起便被当作储君来培养，由康熙皇帝亲自抚育。次年，胤礽刚满周岁就被册封为皇太子，还设置了专门服务于太子的詹事府。除此之外，还颁布大赦天下的诏书，蠲免百姓当年的赋税，并加封太皇太后和皇太后的徽号。等胤礽稍微长大一些，康熙帝又命人将奉慈殿修葺一新，改为东宫给胤礽居住。虽然离开了自己的身边居住，但康熙帝无论是打猎还是祭拜陵寝都会亲自带着他，以彰显他储君的威望。

　　如此被给予厚望长大的胤礽也是不负期望，不仅精通儒家经书，连满族传统的射猎也没有放下，五岁时随康熙帝去景山打猎，接连射中了鹿和兔子。也正是由于少年胤礽的精明能干，深得康熙帝信任，到康熙三十四年（1695），胤礽大婚后，康熙帝才能放心把政务大事交给胤礽处理，命他监国，自己亲自远征噶尔丹。而胤礽此时的表现也颇为不俗，康熙帝对此十分满意。

　　如此完美的储君还是出了差错，事情还要从康熙帝册封成年皇子说起。康熙皇帝身体康健，而诸皇子也逐渐长大，各自的能力也表现出来，有几个令康熙帝颇为满意的皇子，如胤祯、胤祺、胤祐、胤祹等人，他也有意加以提拔培养。被封为多罗贝勒的诸位皇子便有了参政议政的权力，并且拥有一定的下属官员。如此一来，这些皇子便成了与坐拥詹事府的太子对等的政治力量，无形中给了胤礽很大的压力，为了保存自己的权力。于是便有了康熙四十二年（1703），索额图因"妄议国事"的结党营私之罪被囚禁在宗人府。索额图是太子胤礽母族的势力，他的囚禁无疑给胤礽敲响了一记警钟。

但胤礽似乎并没有从中得到教训，他没有收敛自己的行为，导致很多把柄被人握在手中，不时有人会向康熙皇帝揭发检举。在一次塞外巡幸的时候，以长子胤禔为首的几位皇子便举报了胤礽的一些不妥行为，诸如对诸贝勒、大臣拳打脚踢动用私刑等事，甚至还有私自截留蒙古部族献上的贡品等事。这一系列的"操作"迅速降低了胤礽在康熙帝心中的好感，尤其是截留贡品一事，更是给了康熙帝太子要越权的感觉。对于皇权的把握，康熙帝是极其敏感的，他不允许任何人分走他的权力，哪怕这个人是他亲手培养的皇太子。自此，胤礽与康熙帝的矛盾在康熙四十七年（1708）彻底激化。

就在这时，随驾的皇十八子胤祄得了急病，康熙帝焦急万分，再看一旁的皇太子，根本没有半点心疼幼弟的愁容。这让康熙帝对胤礽更加不满，他头一次当众训斥了胤礽，指责他作为皇太子，不心疼弟弟，没有作为嫡长子的风范。而从小被宠到大的胤礽哪能受得了这份羞辱，他也当众顶撞了康熙帝，虽是为自己开脱，但也没考虑康熙帝作为帝王的尊严。

父子两个闹得十分不愉快，就在回京路上又发生了一件事，夜晚在途中安营扎寨，康熙帝发现胤礽居然偷偷靠近自己的帐篷往里面偷窥。这让康熙帝警铃大作，他已经对胤礽彻底失去了信任，认为胤礽这一行为有"谋逆"的成分。于是就在回京后不久，康熙帝下了废除胤礽皇太子位的诏书，并将他囚禁起来。

自此，父子二人的感情彻底破裂。而胤礽被废黜，也让其他成年的阿哥们看到了争夺储君位的希望，一场夺嫡"大战"就此拉开序幕。

九子夺嫡

康熙四十七年（1708）十一月，胤礽被废黜以后，各个阿哥及其背后的势力蠢蠢欲动。大阿哥胤禔率先行动，他直接向康熙帝提出由自己诛杀胤礽，以绝后患，同时举荐了胤禩为皇太子。其他阿哥也各有行动，有的提出要用法术"镇压"胤礽，有的则为胤礽求情。这些康熙帝都看在眼里，并未表态。

此时朝中已经有了所谓的拥立各位阿哥的党派，以支持四阿哥胤禛和八阿哥胤禩的人数最为众多。但没有皇帝的诏令，他们谁也摸不透康熙帝此刻对于立储的想法。到了十四日，康熙帝突然提出要求群臣从除了废太子以外的阿哥中选出一位为太子，这下可给了这些大臣们表"忠心"的时机，结果就是群臣共同推举八阿哥胤禩为皇太子人选。除开真正的"八爷党"，其他党派无疑是在掩盖自己的真实意图，把胤禩架在火上烤。

此举果然遭到了康熙帝的嫌恶，他于次年发了一道上谕，表达了自己的不满，除了指出胤禩母族微贱，不足为皇太子外，还指出这些共同推举八阿哥的大臣是否有结党谋私的目的。后来直接将八阿哥圈禁了起来，并褫夺了他的爵位，指责他"到处妄博虚名"，甚至把"谋害"废太子胤礽的罪名都安在了他的头上。康熙帝对结党一事的看法由此可见一斑。

为了防止诸位阿哥再有争夺储君之位的念头，康熙四十八年（1709），康熙帝把胤礽重新立为了太子。同时将胤祉、胤禛、胤祺晋封为亲王，胤祐、胤䄉为郡王，其他阿哥都有不同爵位的晋封，还恢复了胤禩的爵位。

康熙帝以为这样的处理结果能让这几个儿子与皇太子能重新团结起来，也借此打消其他皇子夺嫡的念头。但事情发展并不如他所愿，胤礽被重新立为太子后，并没有收敛自己的本性，他的一系列行为在康熙看来更加乖张。到康熙五十一年（1712），胤礽被告发与刑部尚书齐世武、步军统领托合齐、兵部尚书耿额结党，有谋逆嫌疑。更有甚者跟康熙皇帝说太子在谋划造反，逼皇帝退位。康熙皇帝本就对胤礽充满了不信任感，此事一出，更是直接引发了康熙帝的第二次废太子事件。当年九月，便宣布了废黜胤礽的太子之位，并将胤礽拘禁起来严加看管。

胤礽倒台后，八阿哥胤禩迅速活跃起来，跑到康熙帝面前露脸，试探康熙帝下一步的立储计划。这引得康熙帝大为不快，痛斥胤禩的越权行为，并直言胤禩结党谋私，不孝不义，从此与胤禩断绝父子关系云云。

至此，夺嫡的"大部队"只剩下了四阿哥胤禛和十四阿哥胤禵。这二人虽是同父同母的兄弟，但却有不同的党派支持。胤禛后被封为雍亲王，支持他的主要有隆科多、年羹尧等人。而胤禵则有一部分前"八爷党"支持他，他本人则受封抚远大将军，彼时亦是战功赫赫，出征时得以使用正黄旗。但就形势来说，胤禛平时并不显山露水，在康熙帝看来，对他的皇权没有什么威胁。而他本人在康熙帝面前表现得尤为忠孝，为废太子求情一事此刻也成了加分项。反观胤禵，他早期就是支持八阿哥胤禩的，现在身后又有一票所谓"八爷党"拥护，手中又掌握兵权，这其实是让康熙帝尤为忌惮的。至此，两人高下立判。

最后康熙六十一年（1722），康熙帝病逝于畅春园，公布遗嘱时，所立太子即是雍亲王胤禛。

当步军统帅隆科多宣布皇帝遗诏时，相信跪在康熙帝病床前的诸位皇子都是懵的，而被传诏继位的皇四子胤禛此刻也是交织着两种复杂的情绪，昏倒在了床前。而此时，被"八爷党"寄予厚望的十四阿哥胤禵此刻正在西藏前线，对宫中之事一无所知。

　　胤禛在接到诏书后，立即担负起新君的责任。但他此刻也是最脆弱的，为了保护自己，他和隆科多亲自将大行皇帝的灵柩护送回京师，同时紧闭城门，下令禁止其他兄弟进京吊唁，除非得到命令。

　　为了稳固京师的人心，第二天便任命胤禩、胤祥、大学士马齐和尚书隆科多为总理事务大臣，并召皇十四子胤祯回京，然后将他圈禁在府中。其他有威胁的皇子发配到西北地区，先将各个皇子的党派集团拆散。

　　到了雍正二年（1724），全国局势逐渐稳定，胤禛开始对当初夺嫡的以八阿哥胤禩为首的党派进行了打压。他先剪除了所谓"八爷党"在朝中的党羽，并将支持胤禩的皇子如胤禟、胤䄉等人先后削去宗籍加以圈禁，而皇十四子胤祯先是被派去守皇陵，后被押回府内圈禁。而胤祉等人也受牵连，被降级的降级、被圈禁的圈禁。为了避讳当今皇帝的名讳，又把其余兄弟名字中的"胤"改为了"允"。

　　至此，康熙年间围绕立储的夺嫡风波告一段落，清朝也迈入了一个新的阶段。

康熙年间的休养生息与缓步改革

康熙皇帝是一个励精图治的皇帝，除了在军事上的大作为，维持边疆和平与收复台湾，在其他方面也颇有建树。正是他在位期间的一系列举措，奠定了后期"康雍乾"盛世的基础。

首先政治方面，一改清廷前期只重用满族大臣，造成满族大臣和汉族大臣对立的风气，积极任用汉族士族，笼络他们为己所用。相对应的举措是设立南书房，不论出身，只选择品行与文辞优秀的人才，特批他们可以南书房走动。除了商讨政事，还拥有草拟诏书的权力。通过这一举措，大量汉族知识分子进入朝堂为康熙帝所用。另一方面，康熙皇帝接触到了更多汉文化，借此也削弱了满族贵族议政王大臣和内阁的权力。随后整顿吏治，沿用明朝时期的京察、大计等官吏考核制度，裁汰一批尸位素餐的官员。

经济方面，康熙帝下令禁止了自入关以来的京城附近的圈地运动，将之前贵族圈的土地还给农民耕种。并颁布诏书："自后圈占民间房地，永行停止，其所已圈者，悉令给还民间。"在征收赋税方面，康熙帝一直提倡休养生息，履行藏富于民的政策。他在位期间多次蠲免天下钱粮，免除天下钱粮折合白银大约有一亿多两。同时还改进征收丁税的方法，康熙五十一年（1712）时宣布，以康熙五十（1711）年的丁税作为定额，以后"滋生人丁，永不加赋"。开了征收赋税地丁合一的先河，康熙末年推行于部分省，雍正皇帝继位后继续推行，使之在全国普遍推行。

清初，凡工匠都有匠籍，需要按照规定服役，人身自由颇受限制，否则就要交纳班匠银雇人代役。康熙皇帝还下令废除了匠籍制度，将班匠银归入田赋中。如此一来，工匠们不用在固定的地方服役，另一方面也促进了手工业的发展。

文化方面，这一时期的文化发展较为繁荣，中学、西学均有不同程度的发展。由于康熙帝本人对儒家文化的兴趣，他强调要以礼教治国，以儒家学说为治国之本。并在科举中创建了博学鸿儒科，启用了大量的汉人儒生。《康熙字典》《古今图书集成》等大量的类书也是在这一时期得到了总结和编纂。

西方传教士于明末时期来华，带来了大量当时先进的科学技术，康熙皇帝对此也颇感兴趣。在他的授意下，许多来华传教士在朝廷担任官职。他本人也努力学习代数、几何及天文等方面的新知识，还积极运用这些知识到实践中。康熙四十六年（1707），这些传教士被委以在全国测绘地图的重任。他们同当时的中国学者一起使用当时最先进的测绘方法，诸如经纬图法、三角测绘法等在全国进行大规模实地测量，而后绘制了《康熙皇舆全览图》，这幅地图在当时实为世界地理学的成就之最。由于皇帝的推崇，传教士在民间得以自由传教，而一些先进的西学知识也被广泛传播。

但这一时期也是文字狱最为兴盛的一个时期，康熙帝虽然推崇儒学，重用汉人，对前朝却依旧讳莫如深。当时有著名学者戴名世因在自己的文集《南山集》中歌颂明朝末年的一些东林党人，并为他们做传即遭到弹劾。加上他本人也赞同方孝标为南明正名的观点，结果不仅全家遭到灭族之灾，其亲朋好友也广遭牵连，先后诛杀的人约有三百人。

总的来说，康熙帝是一位较为开明的君主，他在位时期锐意进取，主动捍卫中国领土的完整，维持边疆的和平。但也是他晚年的不作为，导致了康熙末年的吏治崩坏，为雍正时期的改革埋下了伏笔。

胤禛继位

胤禛的继位并不代表着他的完全胜利，改元"雍正"后，他也没有放下那颗警惕的心。彼时，允禩虽然在康熙年间被贬黜，但他本人也还是很有野心，在朝中有很多支持者，亦不乏手握兵权的重臣，如皇十四子允禵（原名胤禵，雍正帝继位后改名为此）等人。朝野之中还有"八爷党"散布的一些诸如雍正帝篡位这样的言论。而青海、西藏边疆地区也尚未太平，叛逆者仍蠢蠢欲动。

为稳固朝野，也为完成康熙帝临终遗诏的嘱托——命他善待诸兄弟，不到非常时刻不要伤害他们。基于以上种种理由，雍正帝在继位初期并没有清理政敌。甚至把允禩架到了同允祥、隆科多、马齐等同的地位，协助皇帝总理朝中事务，还加封允禩为和硕廉亲王。如此一来，既彰显了自己作为皇帝的大度之心，又稳定了"八爷党"的人心，让他们也放松了警惕，慢慢暴露自己的不臣之心。

同时，他又加紧剪除胤禛身边的得力干将。将手握兵权的皇十四子允禵从西北前线召回，而后迅速将其圈禁在府中。又将皇九子允禟发配至青海西大通驻扎，名为监军，实际上是将他们拆散，防止他们有下一步的动作。

等到雍正三年（1725），青海的叛乱得到平定，雍正帝的权力也逐步得到巩固，他开始处理这些政敌了。首先便是拿允禩身边的亲信开刀，允禟最先被革去爵位，随后便挑出允禩在处理政务上的各种纰漏，责备他不好好处理政务，怀有私心，还阻挠雍正帝的施政方针。同时加强了对允禩府邸的监视，并派出自己的亲信侍卫每日随行胤禩，名义上是保护，实则为动态监视。

到了雍正四年（1726），便将允禩革去王爵，然后与允禟一起囚禁起来，并从宗人府除名，还休掉了他的福晋，逼迫他与允禟改名为"阿其那"和"塞思黑"。五月时，雍正帝将允禩、允禟、允䄉三人的罪状以长篇谕旨的形式公布给诸王大臣。后来将三人议了几十条罪状，并公示全国。允禩、允禟二人被幽禁至死，也有传闻说他们是被毒死的，而允䄉则被迁至京城景山附近幽禁终生。在朝中支持允禩的大臣如蔡怀玺、郭允进等人不是自杀就是被处决。至此，允禩一党在朝中势力彻底垮台。

就这样，雍正帝在继位之初便以迅雷不及掩耳之势消灭了政敌，另一种意义上也结束了自康熙年间开始的"九子夺嫡"。

年羹尧：从抚远大将军到阶下囚（上）

雍正帝的继位与两个人是分不开的，其中一个就是年羹尧。说起年羹尧，便不能不说到他的赫赫战功和他与雍正帝错综复杂的关系。

他虽是进士出身，却不是一个传统的文人，可谓文武兼备。康熙四十八年（1709），从朝鲜出使回来后便被提拔为四川巡抚，这时的年羹尧才三十岁，已然成为地方大员，当时的四川又处西南边陲，年羹尧可谓是颇得信任的封疆大吏。也是在这一年，他的妹妹入选为彼时还是雍亲王胤禛的侧福晋，年羹尧也因此成为雍亲王府的亲信，年家也从下五旗的镶白旗被抬到了镶黄旗。

这时的年羹尧颇有干劲，到四川后，他以最快的速度熟悉了境内的情况，并针对这些情况做了一些改革，在当时颇得民心。作为封疆大吏，并不收受下属官员的贿赂，表现出淡泊名利的态度。这些行为让康熙皇帝对他大加赞赏，并开始注意这个年轻人了。

随后在协助平定准噶尔部首领策妄阿拉布坦入侵西藏的战役中，年羹尧表现出色。不仅解决了军中哗变的问题，还表现出了协理军务的才能。得到了康熙帝的重用，因当时巡抚没有督军的权力，特封赏他为四川总督，兼管巡抚事务。

在四川任上的这段时间，年羹尧表现了自己出色的军事才能。康熙五十八年（1719），年羹尧判断出了西藏叛乱的动向，请求亲赴西藏备战。次年，康熙帝便派人率兵由青海入藏，授予年羹尧将军印，并给予他任命总督的权力。年羹尧常年坐镇四川，对西南地区全局看得很透彻，他并没有直接派兵入藏，而是先后切断了叛乱敌军入藏的运粮道路。及至八月，才派噶尔弼、延信率两支军队入藏，叛军随后败走西藏，西藏地区得以平定。

年羹尧出色的表现让他在康熙末期很得康熙帝的重用，西藏平定后，康熙帝升他为川陕总督，并在他进京朝见时赐予他御弓矢。此时的年羹尧已经成为西南地区颇为重要的大臣，而他的这个地位对于雍正帝来说，刚好可以制约同在青海平叛的抚远大将军允禵。

雍正帝继位后，年羹尧很快迎来了他与雍正帝的"蜜月期"。先是加封他太保官衔，封为三等公爵。随后的两年间，年羹尧的晋升速度堪比坐了火箭，从三等公晋升到一等公，只用了两年时间。期间更是把军事大权都托付给了他，雍正帝曾经下谕旨："若有调遣军兵、动用粮饷之处，著边防办饷大臣及川陕、云南督抚提镇等，俱照年羹尧办理。"不仅如此，雍正帝还要云贵川的地方官员均听命于年羹尧。一时间，年羹尧成为雍正帝在西南地区的"代理人"。

适逢雍正初年，青海地区的罗卜藏丹津发动叛乱。年羹尧便顺理成章地接替了抚远大将军的职位，坐镇西宁全权指挥各部军队，以镇压叛乱。这一战年羹尧不仅剿灭了罗卜藏丹津的叛乱，令年羹尧的声名在西南边陲各少数民族部落中传扬开来，还使得年羹尧在朝野上下获得了前所未有的威望，拥有了直接参与朝政的话语权。

年羹尧：从抚远大将军到阶下囚（下）

平定青海叛乱后，年羹尧及其家族受到的盛宠可谓是前所未有的。除了年羹尧本人受封一等公爵外，其父其子均受封为公爵，又嫌不够，在年羹尧平定卓子山叛乱后，又赏赐了年羹尧次子年富一等男世职。

除开加封爵位官职，雍正帝在生活上对年羹尧也是关爱有加。得知年羹尧某处身体有恙时，几乎是时时问候，还亲自赐药给他，就连他福晋的疾病也会再三询问关切。某次赐予年羹尧荔枝时，要求沿途驿站快马加鞭，将荔枝务必在六天内从京师送到西安。唐代时有"一骑红尘妃子笑，无人知是荔枝来"，到了年大将军这里，有过之而无不及。

雍正帝在自己的朱批里对年羹尧大加夸赞，称他为自己的恩人，命后世子孙都要牢记年羹尧的这一功绩，甚至说出要天下臣民都要感谢年羹尧的功绩，否则便不是清朝的子民这种话。还说了许多与年羹尧交心的话，诸如"朕一切赏罚，若有一点作用笼络，将人作犬马待的心，自己亦成犬马之主矣""朕此生若负了你，从开辟以来未有如朕之负心之人也"这样的话。

但君臣终究是君臣，雍正帝虽然对年羹尧"爱"的深沉，但他是清醒的，一旦年羹尧在权力方面有所僭越，雍正帝的这份"爱"便戛然而止。而年羹尧显然被"爱"冲昏了头脑，他开始恃宠而骄，不仅抛弃了最初的洁身自好的清廉作风，就连皇帝他也不太放在眼里了。

具体表现如下：在给同级的督抚发信件时不用咨文（同级之间平行的

文），而用谕令。其下属在送他礼品时要称"恭进"，表示感谢时要说"谢恩"。这些都是只有皇帝才能使用的称谓，年羹尧即便是权势滔天，也不能如此僭越。更有甚者，他在接皇帝谕旨时也不再跪拜，直接接过站着就把谕旨看完了，更是把皇帝御赐的侍卫当作牵马坠镫的奴仆来使唤。除此之外，他还大肆收受贿赂，不仅克扣军费，还贪墨了川陕地区上缴的税款。据统计，他在直隶各州县买地多达三百余顷，房屋一千余间。

如果说礼仪问题还能解释，但他在地方上肆意妄为，直接或者间接获取的贿赂则是最直接的证据。最后查抄家产时，仅仅金银首饰就查出来三百余斤。在官员选拔与任用方面，年羹尧后期也没少参与，他所任用的官员皆是自己的亲信，就连年府的家奴在朝堂都能获得四品顶戴，年府的推荐官员更是排在吏部的考核之前。

这些行为都已经超过了雍正帝的容忍范围，更何况雍正帝本身也不是一个大度的人（可参考他早期整治允禩、允禟等人）。在掌握了一定的实情后，雍正帝开始了对年羹尧的处置。

他先是给年羹尧发了一道谕旨，一改以往夸赞交心的话语，反而讲了一段功臣如何保全名节的话语。但粗枝大叶的年羹尧怎么会听得懂，他并没有放在心上。到了雍正三年（1725）时，雍正帝对年羹尧的态度便急转直下。年羹尧上疏的奏本不再被雍正帝所重视，甚至他上疏弹劾的官员，雍正帝都要先调查一遍，而不是直接准奏。这一时期，雍正帝提拔了一个年羹尧上疏弹劾的官员蔡珽。该官员是四川巡抚，被年羹尧弹劾威逼属下官员至死。他被押解至京后，雍正帝亲自召见他，从他口中得知了年羹尧诬陷一事。也就是从这时起，朝中逐步出现了弹劾年羹尧的上奏。

但雍正帝并没有利用这些弹劾来打压年羹尧，而是抓住他二月份的一次上表贺文中的错误大做文章。训斥他故意把"朝乾夕惕"写成了"夕惕朝乾"，是居功自傲的表现，不把皇帝放在眼里。随后，雍正帝也没有接受年羹尧的后续奏折，而是直接将他从川陕总督的任上革职，收了他的抚远大将军印信，将他调离川陕地区，改任杭州将军，同时一并清理了他在川陕地区的亲信。

他在杭州将军任上并未待多久，京城弹劾他的奏折如雪花般飞来。九月份时，年羹尧便被削去全部职位、官爵押解北京听候发落了。而那些当年跟他一起飞黄腾达的族人此刻也朝不保夕，在雍正帝命年羹尧自裁后没多久，便被斩首的斩首，流放的流放了。

年家这座大厦顷刻间灰飞烟灭，只用了短短六十二天。据说年羹尧自裁前曾写了一封颇为卑微的折子给雍正帝，祈求饶自己一命。但雍正帝的回复却如冰锥一般扎进他的心脏，不仅断了他的活路，还直接将他打入地狱："尔自尽后，稍有含怨之意，则佛书所谓永堕地狱矣，万劫亦不能消汝罪孽也。"

隆科多：从理藩院到畅春园

说完年羹尧，再来说一下隆科多。和年羹尧的上位方式不同，他是真正意义上的"皇亲国戚"，其祖上是最早投靠满洲的佟养真，被编入汉军镶黄旗，而父亲佟国维是康熙年间的内阁首辅，姑姑孝康章皇后佟佳氏是康熙皇帝的生母，而他的姐姐是康熙帝的孝懿仁皇后。

在这样的家世下，隆科多直接从一等侍卫提拔为銮仪使，后期还兼任蒙古正蓝旗副都统。但康熙四十四年（1705）时，他的一个属下违法，隆科多受到牵连，被康熙帝责备没有尽心尽力办事，将他又贬回一等侍卫。直到康熙五十年（1711），才将他从一等侍卫擢升为步军统领。京城的步军统领掌握京师的警备力量，颇为重要。

康熙时期，隆科多深受康熙帝的重用。在他出任步军统领的任期，康熙帝经常朱批指使他如何做好步军统领，一方面是希望隆科多能谨言慎行，不要偏听偏信家人及所谓亲信。另一方面也怕隆科多被他人所利用，京城安危不保。除了步军统领，隆科多在康熙末年出任理藩院尚书，还被康熙帝委以重任，派他秘密监视被囚禁的废太子胤礽和大阿哥胤禔，同时还要兼顾监视其他王室宗亲和朝中重臣的任务。

这一时期，隆科多的表现被康熙帝所认可，他临终时，特意把隆科多叫到御前，任命他为顾命大臣，还把遗诏交给他宣读。这些都足可见康熙帝对隆科多的信任。

同年羹尧一样，隆科多的事业顶峰也是在雍正帝继位后。除了继续担任步军统领，还命其与大学士马齐一起总理朝中事务，加封吏部尚书，并命他承袭一等公爵位。还命他担任《圣祖实录》《大清会典》的总裁，同时监修《明史》。赏赐双眼花翎顶戴、四团龙补服、黄带、紫辔。除了官职爵位，隆科多还有一项殊荣，即是雍正帝称呼他为"舅舅"以示尊重，而不会直呼其名。

相比年羹尧的嚣张跋扈，隆科多可谓是久在官场，人亦老成世故。尽管受诸多殊荣，他也没有因此膨胀，反而对雍正帝更为谦卑，行事也更加谨慎。但不管如何谦卑谨慎，最终还是逃不过兔死狗烹的命运。

事情是从雍正三年（1725）有征兆的，雍正帝先从其家人开始入手。以隆科多的次子玉柱品行不端为由，裁撤了他的官职及爵位，而后又撤掉了隆科多的步军统领一职。随后便是以朝堂一些细碎的过失谴责隆科多的失职，又褫夺了他一等公爵及太保的爵位和官职，并把他赶到阿拉善去修城开荒。到了雍正四年（1726），又通过隆科多的家奴牛伦索贿一案牵扯出了隆科多收受边疆大员贿赂的事件，借此罢免了隆科多尚书一职，命他去阿尔泰一带处理中俄边界问题。如此一来，把隆科多远远发配到边疆地区，就斩断了他与朝中的纽带，并命官员大胆揭发隆科多的罪行。等到了清算他的种种罪行，又把隆科多从边疆押送回来审判，抄其家产。

在清算了隆科多四十一条罪状后，雍正帝又"大度"地免去他的死刑，只在畅春园附近修建房屋，将其囚禁于此。但是到了次年六月，隆科多便死于囚禁的居所。

雍正帝的铁腕政策（上）

在清理完一系列政敌和阻碍他集中皇权的障碍后，雍正帝终于可以放手施行自己的治国理念了，主要是为了解决康熙末年的弊政带来的一系列问题，简而言之，就是收拾"烂摊子"。首当其冲的便是改革立储制度和奏折制度。

由于康熙晚年对立储问题的摇摆不定导致了残酷的争储事件，雍正帝自己也是争储的参与者和受害者。为了防止后世再有因争夺储君之位而在朝中结党营私、拉帮结派的情况出现，他设置了秘密立储制度。在朝堂上，雍正帝讲述了自己建立这一制度的缘由：他认为康熙帝能在临终前迅速制定接班人，是因为他的睿智加上敏锐的判断力，而自己不如先帝，无法在自己死前对诸子加以判断，又怕提前立储引发争端。实施方法是由皇帝生前将立储的诏书写好放到一个匣子内，而后藏到顺治帝书写的"正大光明"匾额后。等皇帝驾崩后，方可取出匣中诏书，宣布新君。如此一来，储君的人选只有皇帝知道，其他人等一概不知，避免了朝中结党营私的可能。

奏折是康熙年间产生的一种官方文书，是由臣子上呈给皇帝看的一种文书，主要书写自己对朝政的看法，而后由皇帝用红笔批阅后送回臣子手中，这种批阅称为"朱批"。但当时这种文书并没有制度化，一道奏折可以传阅许多人，也许有的并不是大臣本人书写，有些国家机密便被这些奏折散布开来。为杜绝这一现象，雍正帝将奏折制度化，规定了奏折呈送的官员范围、上呈方式、书写内容以及皇帝的朱批格式等，逐步演化成密奏制度。

关于可以呈送的官员范围，他规定在中央有各部院侍郎以上的官员、翰林院各科道官员，地方上有督抚提刑及藩臬学政可以书写奏折，而中央派驻地方的盐政、关差、织造等官员也在这个范围内。有些得到皇帝特许的道员、知府、同知、副将等中级官员也可上书奏折。

为了防止奏折内容泄露，雍正帝还规定，奏折必须由官员本人书写，不得代笔。宫中制作专门存放奏折的皮匣，发放给相关呈奏人员。而督抚以上大员的奏折派专人送到奏事处，不经由其他途径直接放到皇帝的案前。一般奏事官员的奏折也须由专人送到皇帝指定的代交亲信大臣处，再由他们奏呈皇帝。而内容上也扩宽了范围，除了应奏的政事，大臣自己无法判断的问题也可奏呈皇帝商讨、裁夺，而皇帝不了解的问题也可通过朱批的形式询问臣下。

这一制度形成后，奏折逐渐代替题本成为当时皇帝和大臣交流的一种官方文书。

为集中皇权，雍正帝在康熙帝南书房的基础上发展设立了军机处。军机处的主要职责是按照皇帝谕旨，写成文字并下发给相应官员。值得一提的是，军机处的文书可以不经过内阁批阅，直接下发给相关的官员。如此一来便在推行皇帝政令的时候减少了许多烦琐的程序，权力也逐步集中到了皇帝一人的手中，为以后推行其他政策减少了许多阻力。

雍正帝的铁腕政策（下）

说完政治制度方面的改革，我们来说一说雍正帝在其他方面的改革。

首先是经济方面的改革，为的是解决康熙末年由于吏治腐败带来的财政亏空问题。康熙末年，各地官员对上缴的钱粮等皆有不同程度的贪墨，有的是主动侵吞，有的是受到上级的敲诈勒索被迫的。再加上康熙早年的对外征伐，耗费钱粮，造成了国库的大半亏空。雍正帝接手时，国库已经是漏洞百出了。

针对这种情况，雍正帝下令清查亏空的状况，并给了他们三年期限填补各地亏空，如超期没有补清则从重治罪。政令一下，几乎全国各地都在查亏空，有的数额高达百万。多数地方大员的家产被抄没，用来弥补这些亏空。这一政策施行三年后，中央国库的亏空基本补满，而地方上如直隶地区、河南、山西等地也基本完成了任务。

解决完亏空问题，雍正帝又把火耗问题提上了日程。火耗指的是碎银重新熔化铸成银锭时的折耗，征收火耗赋税起源于明代万历年间的张居正改革，"一条鞭法"的时候将这份折损换算成银两叠加到了赋税中，即称为火耗。但往往地方官员征收火耗时要大于既定额度，如此一来这份差额就成了地方官的灰色收入。清朝初年默认这份耗羡归私人所有，康熙时期有人曾提议将耗羡收归国库，但康熙帝认为这样只能加重百姓的负担，地方官便能征收更多的火耗，于是便作罢。

到了雍正时期，为了整治贪官污吏现象，他便规定了将这份火耗差额收归国有，这便是"耗羡归公"。同时规定了耗羡的用途，主要是用来弥补地方亏空，为官员养廉以及地方上公用。这一政策颁布后，地方火耗率有所降低，大约是正赋钱粮的一到两成，一定程度上扭转了地方官滥征赋税的问题，减轻了百姓的负担。

而后是土地问题。康熙年间将丁额固定下来，颁布了"滋生人丁，永不加赋"的政策。但依旧是有丁额的赋税，无田的百姓不堪重负，而"富田连阡陌"的地主又与官员相互勾结，努力避税。经过与地方官员的探讨，雍正帝决定免除丁赋，而是将丁赋摊入田亩中征收，这便是"摊丁入亩"政策。

其主要内容是，将丁赋摊入田亩中统一征收，废除了以前的"人头税"；放松对户籍的控制，农民和手工业者可以自由出卖劳动力，不受地域的限制；地方政府要清查当地田亩，按田亩多少均摊赋税。

这项举措结束了"人头税"的征收，也结束了地、丁、户赋税混乱的情况。还放松了对户籍的管控，百姓可以自由流动，没有丁役的束缚，农民对国家的人身依附也更加松弛，促进了小商品经济的发展。摊丁入亩是我国赋税史上一次重要的改革。

在平定青海、西藏地区的叛乱后，雍正帝开始着手改革对西南地区的管辖方式。其实早在康熙四十三年（1704），清廷已经着手对西南地区进行改土归流了。首先推行的地区是湘西地区，采用强行驻军，命士兵在此屯田等措施，并设置官学、书院等儒家教育体系，禁止地方宗教祭祀及推行三纲五常等观念，企图同化当地百姓。到雍正年间，开始全面推行大规模改土归流，取消了西南地区的土司制度，并设置和内地相同的府、州、县等行政等级，派遣相应的官员前去管理，并且不再实行土司终身制任期。

全面推行改土归流很好地带动了西南地区的汉化，使他们对中央政府产生一定的认同感，大量的汉人移民涌入也带去了先进的生产技术，带动了当地生产力的发展，同时也大大加强了清廷对西南边疆的统治。

雍正帝死因之谜

就在雍正帝大刀阔斧地推行自己的政治改革，日常办公的时候，死亡降临在了这位勤政帝王的身上。那是雍正十三年（1735）八月二十三日，雍正帝在圆明园突然驾崩，驾崩前两日他还在照旧办公。

据《清世宗实录》记载，八月二十日开始，雍正帝身体偶感违和，但是仍然照常办公，并有接见臣下。次日，病情有所加重，但他自我感觉良好，没有影响他的日常办公，仍然照常听政，批阅奏折，这期间他的亲信大学士张廷玉以及几个皇子都在他床前侍奉。到二十二日时，雍正帝病情恶化，经过太医抢救有所好转，就在所有人都以为雍正帝脱离了危险时，二十三日，雍正帝已然药石无医，龙驭宾天了。速度之快，令所有人都来不及反应。所幸有秘密立储制度，很快确立了皇四子宝亲王弘历为新君，国家机器得以照旧运转。

但雍正帝的死亡事发突然，导致笼罩在身上的死亡疑云始终挥之不去，多了几分传奇色彩，目前主要有这么几种主要的说法：

吕四娘刺杀说。这就要从雍正时期严重的文字狱说起，吕留良因为其弟子曾静以其学说鼓动川陕总督岳钟琪叛变，结果被人告发而受牵连。结果除曾静等人被处死外，吕氏一门也尽数被灭族。民间传说吕家还有幸留有一女名为四娘，她拜高人为师，以刺杀雍正帝为终身大任。当日趁机混入圆明园中，杀掉了雍正帝并割下其首级，所以雍正帝暴毙。这个说法在民间广为流传，但传言毕竟是传言，吕留良一案当时牵连甚广，就连当时已去世的吕留良本人都被开棺戮尸，枭首示众，其家族子弟更是无一幸免，更不要说如何潜入戒备森严的皇宫大内了。

过度操劳说。雍正帝可以说是清朝最勤政的皇帝，他一年只在冬至、除夕和自己生日当天休息，其他时间都在批阅奏折或者与大臣商讨政务，每日平均工作时间达到十七个小时左右。而他平时所谓的消遣时间也在学习诗书，这无疑是很消耗精力的。十几年如一日的勤奋无疑透支了他的健康，尤其是在他已经偶感违和时还在处理政务，并没有及时找太医治疗可以看出，雍正是有多么"工作狂"了，所以过度操劳致死也在情理之中。

丹药中毒说。雍正帝虽然勤政，但也渴求长生不老，尤其是在亲信的弟弟十三王爷允祥去世后，他便加大了丹药的服食量。雍正帝还是雍亲王的时候便崇礼信佛，做了皇帝以后更希望可以长生不老，延请了许多道士在宫内炼制丹药。而这些丹药所含的铅、汞均已超标，长期服食对身体有害。所以丹药中毒说也有一定的道理。

还有一些说法甚为荒唐，且无史料支撑。但究竟是过度劳累还是丹药中毒均无定论，或者是两者兼有，故此笼罩在雍正帝死因的疑云也至今尚无定论，成为一个谜团。

内定的皇位继承人

当"正大光明"的匾额被取下来，装有立储诏书的匣子被打开，弘历的名字赫然在上，他也顺理成章地成为接替雍正帝的新君，并于次年改元乾隆，他就是大名鼎鼎的乾隆皇帝。

乾隆皇帝早年却有着较为坎坷的身世和经历。他的生母生他的时候只是雍正帝的妾室格格，后来才晋升为熹妃。当时雍正帝的诸位皇子不是早夭就是病死，所以弘历虽然是皇四子，却是雍正帝活着的第二个皇子。雍正帝早年忙于争储，加上弘历的出身并不是很好，所以他等到九岁方接受启蒙教育，入学读书。但他自幼聪明，有过目不忘的本领。

据史料记载，康熙帝第一次见到弘历时便特别喜欢他，将他带入宫中读书，让大学士福敏教授他学业，还让其他贝勒叔叔教授他骑马射箭和使用火器，弘历也十分勇敢，随康熙帝木兰围猎时敢用火器射击熊，颇得康熙帝的赞誉。

也有传言说弘历在康熙帝面前良好的表现给雍正帝争储加了一定的分，所以雍正帝才得以被立为储君，这种言论尚未被证实，但雍正帝在继位后的确是把年仅十三岁的弘历作为继承人来培养的。除原有的福敏外，还增加了张廷玉、嵇曾筠、蔡世远等名臣教授他历史文化知识和儒家典籍。满洲人的骑射和火器使用知识也没落下，负责教授的均是雍正帝相当器重的宗室大臣。

到了雍正二年（1724），康熙帝忌辰时，弘历代父祭拜景陵，这已经是他第二次代父行祭拜大礼了。雍正五年（1727），三阿哥弘时因事得罪雍正帝，被削去宗籍，弘历的对手便不复存在。其后的几年，雍正帝又将弘历所著诗词歌赋编成《乐善堂全集》，为其作序者均是当朝重臣如鄂尔泰、张廷玉等人。为培养他的军事能力，又派他处理平定贵州苗民起义和准噶尔叛乱等事务。此时的弘历已经是内定好的接班人了，正大光明牌匾后的那张诏书几乎透明化了。

所以等到雍正十三年（1735），雍正帝驾崩后，弘历颇为从容地接过了这万钧江山，开始了自己的执政生涯。

在他继位的最初几年，为了缓和雍正帝在位时期紧张的政治局势，化解皇室内部的对立矛盾。他先是释放了羁押十余年的允禵，并恢复其爵位，后又恢复了允䄆的爵位，继而释放了雍正年间因贻误军机被判死罪的岳钟琪和傅尔丹，并继续任用鄂尔泰处理军机事务。这些举措在一定程度上稳定了朝堂的人心，抚平了康、雍年间的政治伤痕。

其后便是逐步纠正雍正年间政治上产生的一些弊端。首当其冲的便是雍正帝养在宫内的炼丹道士和僧人，乾隆帝将他们全部驱逐出宫并下令此后宫内严禁再报告所谓"祥瑞"。其次就是摊丁入亩上的一些漏洞，他规定，凡是地方奏报各地垦荒田亩时必须详细丈量核查后方可上报，严禁弄虚作假给百姓平添负担。

如此一来，乾隆帝对雍正时期的政策制度有继承也有改良，保证了雍正时期的一系列改革能稳步向前发展，为以后的"乾隆盛世"奠定了良好的基础。

平定贵州苗疆叛乱

雍正时期在西南地区大规模改土归流虽然收到一定成效，但强硬的军事镇压手段激化了一些少数民族土司的情绪，他们长期有自己的一套运作机制，且不用向朝廷缴纳赋税。但被迫编入户籍后，官军除了奴役他们开垦荒地，还把各种繁重的赋税摊派到他们身上。这些苗民丝毫没有感受到编入户籍给他们带来的好处，对朝廷的抵抗情绪日益激增，于是在雍正十三年（1735），贵州地区爆发了一场规模较大的苗民叛乱。

这场叛乱是由古州地区苗寨一个叫包利的苗民组织起来的，他在雍正十二年（1734）时就到深处苗疆腹地的古州大造声势，以"苗王出世"作为口号，很快麾下便聚集了许多反抗清廷滥征赋税的苗民。到了第二年，追随包利的人已多达两万余人。见声势与人望都达到一定程度后，包利适时举起了反抗大旗，他麾下一众苗民皆有响应，他们很快围攻了古州城北的王岭汛一地。

古州总兵研勋反应及时，很快率兵打散了这群揭竿而起的苗民。但没想到他们犹如被岩石阻挡的流水一般，越过官兵，再次聚集到一起，转移到台拱一带继续起事，人数依然过万，前去镇压的贵州巡抚等人所带兵力最多不过五千人。悬殊的兵力加上对这批苗民的低估，导致前往镇压的官军很快被打击了气势，四川提督哈元生这才知道这次事件的严重性，立即上奏请求朝廷派兵镇压。

贵州清军驻防集体移师西北给了包利率领的苗民以可乘之机，他们趁各城守备空虚，很快攻占了凯里、重安堡等州县，直逼思州府。这才引起了清廷的重视，雍正帝命果亲王允礼、鄂尔泰、张廷玉等人组成苗疆事务大臣会议，专门处理这一叛乱事件，同时又急调云南、四川、广西等周边清军挥师贵州剿灭叛军。任命前线的哈元生为扬威将军，统领云、贵、川清军，由清水江上游进攻；湖广提督董芳为副将军，统领湖广及两广地区清军，由清水江下游进攻。又任命刑部尚书张昭为抚定苗疆大臣，前往督师。

但六省会师谈何容易，何况云南至贵州的交通要道又被叛军把持，就在哈元生攻下重安堡，反叛苗民开始回寨时，又连续围攻清军大营，这就阻断了清军的运粮之路。雪上加霜的是驻扎在八寨的协副将军冯茂诱杀了已经投降的苗民，激起了当地苗民更大规模的反抗运动。因久战无果，前线的哈元生和董芳发生矛盾，起了争执，战事就此搁置，毫无进展。

乾隆帝继位后，第一件事便是着手善后这场持续了两年的边疆叛乱。他先解决将领内讧问题，裁撤了一批懈怠的前线将领如张昭、董芳等人，同时大量增援贵州，继续调兵前往当地。又将湖广总督张广泗任命为七省经略，重新部署剿灭计划。

张广泗总结了进剿失败的原因，主要是兵力分散，没有集中，还要分散注意力注意已经汉化的苗民。基于此，他采取了剿抚并用的策略，安抚已经投降或者未反抗的苗民，再集中兵力进攻反抗的苗民。

到十二月初，张广泗兵分三路，由九股河上、下游和清水江下游一起发动对反抗苗寨的进攻。此时的苗民已被分化瓦解，兵力悬殊的情况下根本抵挡不住清军的围攻。清军一鼓作气，拿下了九股河、清水江沿岸比较大的几个苗寨。其首领包利被迫退守黔东南地区的牛皮大箐，他把通往此地的道路挖断，企图据此负隅顽抗。但没想到被张广泗的沿山筑墙的围困政策堵成了瓮中之鳖，到乾隆元年（1736）三月，包利等首领被捕，牛皮大箐被破。这场声势浩大的反抗活动便宣告结束。

瞻对之役

　　四川的西部地区虽然在明朝时即归中央政权统治，但有些地方并不信服中央政府，通常都是当地土司之间相互争夺地盘，放任"夹坝"抢劫过路商旅的钱财，甚至在清廷驻兵路过时都会遭到这些"夹坝"的打劫。四川瞻对即是这样一个地区，这些严重影响到了清廷对西藏地区的控制。

　　乾隆十年（1745）的某一天，川陕总督庆复率官军回营地，途经瞻对，遭遇"夹坝"打劫，他报告给下瞻对土司时，这位土司仅将赃物还归，并没有彻查贼首。这种行为令他大为恼火，再次上奏乾隆帝请求清剿。

　　从乾隆二年（1737）起，乾隆帝就不停接到这一地区的地方督抚奏报，当时以为只是普通的打劫事件，并未引起重视。直到庆复的这次上奏，乾隆帝才知道，瞻对地区的土司横行已经严重影响到了清廷对西藏的控制。

　　乾隆十年（1745）六月，乾隆帝正式下令围剿瞻对的作乱土司，派出了三路大军。夔州协副将马良柱率领一路大军，从理塘进攻。松潘镇总兵宋宗璋则率兵从北路甘孜进攻，建昌镇总兵袁士弼则从沙普龙进发，三路大军形成合围之态势。同时又将川陕总督庆复从西安调入四川，协助四川提督李质粹调度作战。

　　面对清廷的大军，上瞻对的土司很快扛不住压力前来请降，袁士弼很是高兴。最初战事颇为顺利，下瞻对的土司班滚为了保存实力，也前来请降，很快被庆复看出了不臣之心，为防止清军内部军心动摇，并没有答应他的请降。班滚则继续负隅顽抗，接下来的时间，前方虽有捷报，但一直没能攻打下据点。庆复接到调令后来到前线，他发觉前线的将领为了多得战功，往往传递回来的都是假捷报。乾隆帝收到庆复的奏折后，立即处理了袁士弼等人，并命庆复全权协调战事，重新部署。

此时已进入严冬寒月，粮草在山间运输艰难，双方僵持不下，急需一个突破口。班滚也十分怕自己的势力就此覆灭，故技重施，又到清军大营乞降，甚至远赴西藏，让西藏喇嘛出面替他向乾隆帝求情。但乾隆帝已经抱了必须消灭班滚势力的决心，严词拒绝了西藏喇嘛的求情。

庆复也一直在把战线往前推进，到四月时，庆复奏报时声称，到五月或者六月时便能攻下班滚大营。包围圈在不停缩小，等清军攻破班滚所在的碉楼后，发现碉楼内的叛军点了一把火，将寨内所有建筑全部烧掉，还有三具尸体悬挂在火中。庆复为了早日班师回朝，也没有前去查验尸体中是否有班滚，而是奏报班滚连同寨内叛军一起被烧死了。

因未见到班滚尸体或者本人，乾隆帝对此结果存有疑问，但他也没有直接证据，但为了稳定军心，只得论功行赏，瞻对之战就这样以贼酋班滚下落不明而收场。而清军的草草收兵，使得这一地区的土司认为清廷畏缩，更加不把朝廷放在眼里，间接导致了大小金川之役的爆发。

乾隆初期的改革举措

初继位时，除了要"清理"边疆战事，乾隆帝面临的朝堂危机也是相当明显的：张廷玉和鄂尔泰像两座大山一样，威胁着他想要集中的皇权。雍正年间改土归流和摊丁入亩遗留下来的后续问题，诸如粮食不足、土地相对日益激增的人口来说不匹配的情况也越发突出。平定苗疆叛乱后，军备废弛的情况也被摆在了明面上。

此时乾隆帝初继位，根基尚不稳固，不能动张廷玉和鄂尔泰，还要稳定朝廷，缓慢过渡。于是，在平定边疆叛乱后，乾隆帝首先做的事便是恢复雍正时期荒废许久的木兰秋狝典礼。

木兰秋狝典礼是清代皇室贵族每逢秋季举办的围猎盛事，也是他们练习骑射的一种方式。因在内蒙古的昭乌达盟、卓索图盟、锡林郭勒盟和察哈尔蒙古四旗的接壤地区设立的木兰围场举行，所以叫作木兰秋狝典礼，是由康熙帝创立的一种活动。其意义并非只是狩猎享乐，而是具有一定的军事意义。一方面为了训练八旗官兵，让他们时刻练习骑射本领，另一方面将木兰围场定在蒙古也是为了加强对漠南、漠北和漠西蒙古的统治，加强北方的边防。

乾隆帝在此时恢复木兰秋狝典礼，其军事意义不言而喻，除了遵循祖制外，还为了整治八旗子弟的军队风气，防止他们继续贪图享受以致武备废弛。在他看来，虽然西南地区已暂时平定，但边疆地区的问题依然不容忽视。若此时军备废弛，贪图享乐成风，则战必败，而清王朝的统治也必将面临岌岌可危的境遇。

经济方面，乾隆帝开始着力解决粮价飞涨的问题。最初考虑这个问题时，乾隆帝认为百姓铺张浪费，拿粮食酿酒造成粮食短缺问题，尤其是烧锅酿酒这一工艺，需要浪费更多的粮食。于是他下达了"禁止烧锅令"，企图挽救危机。很快他发现这条命令治标不治本，粮价依然居高不下，百姓生计难以维持，甚至还有地方产生了抢夺大米的风潮。乾隆帝这才幡然醒悟，造成粮价上涨的原因不是浪费，而是激增的人口与土地之间失衡导致的供不应求。

于是，乾隆帝开始在粮食生产方面下功夫。鼓励百姓继续垦荒，组织人口众多的地方移民至人口较少的地区，以维持土地拥有量的平衡，同时还鼓励百姓耕种高产农作物，如玉米、番薯之类的作物。同时还加大了对地方救灾和备荒的钱粮投入。

在解决完经济和军事方面的问题，乾隆帝开始着手解决张廷玉和鄂尔泰两颗政治绊脚石了。

张廷玉似乎也嗅到了一丝危险的气息，乾隆十三年（1748），他以老病为由乞求还乡。但未获批准，乾隆帝一再挽留，并许诺他将来配享太庙的殊荣。就这样，张廷玉战战兢兢地过了一年，第二年正月，他继续乞求告老还乡，终获批准。在谢恩的时候，张廷玉问到这个配享太庙的待遇是否为先帝遗命，要求乾隆帝拿出凭证。乾隆帝虽有不悦，还是拟定了诏书，说明情况，并亲自作诗赐予他，以安抚张廷玉的心。

事情如果到这里，也许张廷玉就能侥幸逃过一劫，但他不知出于什么原因，未能亲自去向乾隆帝谢恩。这令乾隆帝大为不快，他命军机大臣傅恒等人拟旨让张廷玉回奏。但旨意还没下达，次日天没亮，张廷玉便来到内廷谢恩。这下乾隆帝更加恼火，他认为张廷玉虽已致仕，但在朝中还有人给传话，连自己未下达的旨意都能提前知晓，严重威胁到皇权。虽未治罪，但还是借此罢免了张廷玉的爵位及官职，同时还取消了他配享太庙的资格。这还不算，最后被四川编修朱筌连累，朱筌是他一手提拔上来的人。虽然免罪，但是被迫上缴了当年先皇及后来御赐给他的所有物品。

如此，当年显赫一时的朝中大员致仕归乡，地方上无一官员敢去迎接，只有家人在门口等待，显得尤为凄凉。

鄂尔泰于乾隆十年（1745）病逝，当时作为两朝重臣，配享太庙，乾隆亲自驾临他的葬礼致祭辞。虽然过世，但他在朝中的影响颇深，乾隆帝尤为忌惮。就在他过世十年后，乾隆帝从胡中藻的诗集《坚磨生诗钞》找出许多所谓反清复明的诗句。如"一世无日月""又降一世夏秋冬"等诗句，是他怀念前朝，讽刺清朝的诗句，又用"蛮""夷"等词影射清朝。而此人是鄂尔泰一党，与鄂尔泰的侄子鄂昌关系密切。乾隆帝从他下手，制造了一起"坚磨生诗钞案"即是为了整治鄂尔泰一党，连带鄂尔泰在太庙的牌位也被丢出了贤良祠。

在肃清了这些盘根错节的前朝重臣后，乾隆帝刻意选择了一些出身寒微的士族，将皇权牢牢集中在自己的手中。

平定大小和卓之战（上）

康熙年间平定了准噶尔部噶尔丹的叛乱，但准噶尔部并没有臣服清廷，反而在蒙古及四川地区为祸一方。清廷与准噶尔部的战争便延续到了乾隆时期，乾隆二十年（1755），清军打入伊犁河谷，平定了准噶尔部的叛乱后，天山北路的战火彻底平息。而一直被准噶尔部囚禁的南疆和卓们被释放，所谓和卓，即是当时信仰伊斯兰教的民众对始祖穆罕默德后裔及学者的尊称。这一代的和卓即是波罗尼都和霍集占兄弟二人，被称为"大小和卓"。

这二人对清廷表现出很大的诚意，表示自己愿意帮助清廷平定天山南路。乾隆帝便命他们二人回到天山南路招降其他部族，大小和卓趁蒙古阿睦尔撒纳叛乱之机控制了喀什噶尔和叶尔羌等地。到乾隆二十二年（1757），小和卓霍集占野心暴露，他杀掉清军在天山南路的副都统阿敏道，宣布自立为汗。霍集占的叛乱令乾隆帝措手不及，他先前将驻守天山北路的清军调往蒙古平叛，没想到却被钻了空子。但当年清军主力皆在蒙古作战，无暇顾及天山南路，到第二年确认逃往沙俄的阿睦尔撒纳死亡后，清军才集结兵力进驻天山南路，征讨霍集占。

五月，清军主力包围库车。霍集占听说库车被围后，亲自率领一队鸟枪兵前来增援，在城南地区被清军将领爱隆阿打败，霍集占本人也负伤躲入城中。统帅雅尔哈善为逼迫霍集占投降，命士兵挖隧道以通库车城内。谁知被城内的叛军灌水，清军损失惨重。就在这时，城内发生了内讧，鄂对出逃投降清军，并向雅尔哈善建议从库车城的西、北两处埋伏，以待城中弹尽粮绝时活捉霍集占。但雅尔哈善对鄂对并不完全信任，并未听从其建议，结果导致霍集占从城中出逃。乾隆帝听闻后十分震怒，命纳穆札尔代替他为统帅。

就在此时，形势发生了扭转。天山南路有两座城的统帅举起了反对霍集占的大旗，投降清军，从库车逃出的霍集占只得向阿克苏城逃去，令他没想到的是阿克苏的毛拉阿舒尔杀死霍集占在城内的亲随，并推举了颇拉特为首领，也投降了。而在乌什的首领漠咱帕尔对霍集占也有二心，企图引诱霍集占入城，并活捉他。结果这一计划被泄露，霍集占连城也不敢入，一路往南，逃回了喀什噶尔。

由于乌什的首领降清，他一呼百应，到了九月，天山南路大部分城池都归顺了清朝，霍集占能控制的城池只剩下了喀什噶尔和叶尔羌两座而已。

此时的前线统帅换成了兆惠，他接受了霍继斯的建议：先拿下叶尔羌，截断大小和卓后逃之路，再集中兵力进攻喀什噶尔。但此前波罗尼都对霍集占仓促举事颇有微词，因此霍集占便驻守叶尔羌。兆惠等人到达叶尔羌城后，设法引诱敌军出战，避免攻城战。此计策被霍集占看穿，他固守城池，坚决不出战。清军只得攻城，大军分七队，被霍集占击败，但他出城迎战的一部也被清军击败，因此不敢再轻举妄动。

叶尔羌城池较大，兆惠兵力根本不足以围困住所有城门阙口。同时还要防范波罗尼都随时从喀什噶尔派来的增援部队，可谓是难上加难。乾隆帝看到奏报后，立即任命富德为定边右副将军，率大军增援兆惠。同时给他谕旨，如兆惠在十月下旬前仍未拿下叶尔羌，他可率军直接进攻喀什噶尔。

就在这时，兆惠看到了突破口：霍集占的士兵在叶尔羌城南部的山麓上放牧。于是兆惠打算劫其牲畜，断掉叶尔羌城的口粮。谁知天降意外，兆惠大军的四百余人刚渡过黑水，桥梁垮塌。霍集占侦得此情，随即派一万大军将清军围困在黑水南岸。祸不单行的是，前来增援的纳穆札尔和石三泰等人大军被波罗尼都的三千援兵堵在路上，已是自身难保。

平定大小和卓之战（中）

霍集占率军仍在不停进攻被围在黑水河岸的兆惠大军，但没有取得任何进展，于是决定就地围困，以待清军弹尽粮绝，不攻自破。战事在十一月时发生了转机，布鲁特人纳喇巴图伙同额尔克和卓等率军攻打喀什噶尔，波罗尼都不得不回防，而兆惠此时也袭击了霍集占的两处营地，丝毫没有认输的意思，双方仍然僵持不下。

乾隆帝听闻兆惠被围困后，火速命富德支援。富德奉命从阿克苏率军星夜驰援，但在叶尔羌城东北部的呼尔满地区与霍集占的五千大军发生遭遇战。双方激战至夜，清军终于打退了和卓军，但因为千里驰援又连夜激战，疲惫不堪，无法乘胜追击。而这支和卓军队驻扎在山上，双方在戈壁滩上对峙起来。由于戈壁滩上并没有水源，清军士兵只能靠冰块取水，还要抵御和卓军的进攻，甚为艰难。到第二天晚上，阿里衮与鄂博什率领援军赶到，与富德里应外合，终于击溃了和卓军，这就是当时著名的呼尔满大捷。

富德大败和卓军后，被围困在黑水的兆惠大军也顺势解围。两路大军汇合，返回阿克苏，而霍集占此时也无力阻拦，大小和卓在天山南路的势力已经逐渐日落西山了。

就在呼尔满之战的前一个月，霍集占趁清军驰援叶尔羌，和阗防备空虚之际，派阿卜都克勒木兄弟等人进攻和阗，同时又派人诱降各地的伯克，只有少数城的城主固守城池坚决抵抗不投降。

到乾隆二十四年（1759）正月，巴禄率兵增援和阗。乾隆帝十分重视这次行动，命策布登扎布为副将军，率福禄、车木楚克扎布为参赞，驻防额尔齐斯河及巴尔喀什湖附近，阻拦霍集占，防止他经由伊犁逃至沙俄。此时，在阿克苏的兆惠也派爱隆阿率军驰援和阗，大战一触即发。

三月，以哈喇哈什陷落为契机，被围困的齐凌扎布突围。瑚尔起率领援军与鄂对、噶布舒顺利会师于额里齐。清军九月抵达哈喇哈什，趁着大雾突袭了和卓军营，杀掉了阿卜都哈里克，剩余和卓军首领趁乱逃跑。清军顺势收复了和阗地区被占领的玉陇哈什、齐尔拉，各城邦的头人闻风而动，纷纷来降，和阗地区便平定了。

经过和阗、呼尔满大战以后，大小和卓兄弟在天山南路的地位一落千丈，很快陷入了难以落脚的地步，于是霍集占在三月、四月间便加紧了与巴达克山、浩罕国的联络。而和阗被攻占后，更坚定了大小和卓兄弟跑路的决心，他们逐步把物资和家眷转移至巴达克山附近。

但此时兆惠与富德也加紧粮草的筹备工作，根据布占泰的情报，兆惠改变了原先进攻叶尔羌的计划，准备先进攻喀什噶尔，以阻拦霍集占出逃浩罕国。六月十五日，还没等清军到达喀什噶尔，一支布鲁特兵便袭击了喀什噶尔城北的阿喇古，波罗尼都抵抗不力，被布鲁特兵打败。十八日又与到来的清军交战，力战不敌，为保存实力，波罗尼都选择投降，随后便以抗击布鲁特兵为由携裹了大量从城中掠夺来的物资和贵族往西逃窜。此时霍集占也在劫掠了一番叶尔羌城内的贵族和居民后往羌呼勒方向逃去，二人在色勒库尔汇合后继续往巴达克山方向逃去。

大小和卓弃城后，叶尔羌和喀什噶尔城中的首领和居民立即迎清军入城。天山南路遂平定下来，但是大小和卓还没有被抓到，这令乾隆帝十分不安，担心二人死灰复燃，除了令兆惠留驻喀什噶尔善后外，即令富德、明瑞等人率军追击大小和卓。

平定大小和卓之战（下）

富德和明瑞领命后，即率领两千余人追击大小和卓。霍集占本欲往巴达克山，但队伍中有伯克不愿意，加上他们又携带大量辎重、家眷，只得北上安集延。但清军一路追击下，霍集占不得不丢弃这些辎重，令军队殿后，以便随时应付追击的清军。

明瑞大军于六月二十八日追上大小和卓的军队，这支军队大约六千人，驻扎在山上，无论明瑞如何诱惑，始终不肯下山。他又怕与和卓军僵持过久，导致霍集占等人逃跑，于是便不顾山势集中火力仰攻，霍集占也予以还击，双方激战过后，都支持不下去，和卓军开始撤退，清军也再无力追击。待和卓军缓过来以后，便卷土重来，又忌惮清军人多，采用分兵合围的方法，但没想到明瑞已经在山顶设好了埋伏，趁着山上的火力，他率兵冲进和卓军阵，击退了和卓军的进攻，但依旧没能俘虏大小和卓兄弟。

七月时，富德派出的探子回报说霍集占部队在喀喇乌苏附近一百余里的戈壁中，于是富德便指挥三路大军朝前进发，并于阿尔楚尔追上和卓军。但霍集占先在此设了埋伏，富德便将火器营分出，其余两路大军进攻左右两翼，夺取南北阿尔楚尔山脉，居高临下进攻山谷中埋伏的和卓军。经此一役，清军歼灭和卓军大约一千人，俘虏五十余人，并在阵前斩杀了和卓军头领阿卜都克勒木。

翻过阿尔楚尔山，清军继续追击大小和卓兄弟至伊西洱库尔淖尔湖畔。大小和卓兄弟在此驻扎修整，翻过这湖泊前的一座山岭，他们就能逃到巴达克山了。为防止他们越界，富德派遣阿里衮等人去伊西洱库尔淖尔湖以西截断霍集占的退路，鄂博什、温布等人则从山后阻拦，富德率领主力部队进至伊西洱库尔淖尔湖附近，从正面猛攻。但霍集占占据高地，从山上用火力阻拦清军。见此情形，富德并没有坚持从正面硬上，而是从军队中选出四十多名鸟枪兵，从北路山岭仰攻和卓军，一面又命鄂对等人树立维吾尔人的旧旗以招降和卓士兵，企图动摇军心。

果然和卓军无法承受两面夹击，溃败而逃，霍集占则趁乱逃走，与波罗尼都汇合，逃至巴达克山附近。此时和卓军只剩下了大小和卓及其家眷奴仆，清军则继续追剿至巴达克山境内。

霍集占借口需要从此借路前往麦加朝拜，得以进入巴达克山都城牌租阿巴特。与此同时，清廷使节萨穆坦也到达了都城。由于先前已经做好大小和卓会逃至此的准备，清廷在追剿他们的同时，也传檄给巴达克山、浩罕国等国家，事先通知了要活捉大小和卓的事情。所以巴达克山首领素勒坦沙只将霍集占派来的使节与清廷使节当面对质，没想到这人被萨穆坦说得哑口无言。

到了七月底，素勒坦沙邀请大小和卓入城，但霍集占刚入城便要他交出清廷使节，素勒坦沙不同意，他便开始在城内劫掠百姓。这下可把素勒坦沙气坏了，立即派兵进攻霍集占，霍集占大败负伤，大小和卓兄弟由此被活捉。

素勒坦沙将这兄弟二人囚禁后，便通知了富德。富德听闻后便责令他将大小和卓兄弟献给清军，但素勒坦沙也有自己的私心，他一方面想依附于清廷，把大小和卓献出去，另一方面巴达克山的阿訇以大小和卓为伊斯兰教先知后裔，随便交给异教徒，违反教义，这让素勒坦沙左右为难。

他思来想去决定把这二人杀死，如此一来清军就不会问他索要大小和卓了，也不违反教义。于是他借口霍集占劫掠百姓，将大小和卓处死了。然而令他没想到的是，与清廷使节额尔登额见面后，被斥责了一顿，还要交出二人首级。素勒坦沙支支吾吾了半天说是不能自行献出首级，需要清廷使节自行前去查验。额尔登额无奈，只得让纳达齐前去验尸，此人对大小和卓相当熟悉。

　　查验一番后，发现霍集占尸体还在，与此地一墙之隔的波罗尼都的埋葬坑血迹斑斑却没有尸体。素勒坦沙也颇为奇怪，面对清廷使节的质疑，他举着经文发誓确实将波罗尼都杀死了，也不知是何人盗走了他的尸体。最后经过富德一番明察暗访，确认素勒坦沙所言属实，便函封了霍集占的首级，并带上了相关能证明波罗尼都死亡的证人一起赶回京城。

　　至此，天山南路大小和卓的叛乱终于被平定。乾隆帝给予了前线将领与士兵丰厚的赏赐，阵亡者也给予了优厚的抚恤。并于十一月，在叶尔羌城内竖起碑石，在伊西洱库尔淖尔湖畔勒石以纪念这次平定回部的丰功伟绩。从此持续七十年的西北边境归于和平，天山南路也纳入了中国的版图之中。

第一次大小金川之战

　　虽然雍正时期便在此地推行大规模改土归流，但是各地土司依然控制着本地的土地、人口，并经常因为争夺这些有限的资源而发生小规模冲突，改土归流在此地推行困难。地方官员无法插手其中，只能作壁上观。瞻对之役的草草收场，导致了清廷的威信在川西地区以至嘉绒藏族地区都降低了几个度。金川地区的土司便更加不把清廷的官员和驻军放在眼里了，开始明目张胆地争夺土地、掠夺人口，这便是第一次大小金川之战爆发的根本原因。直接原因是乾隆七年（1742）大金川继任土司莎罗奔妄图控制小金川土司，借以吞并土地，管辖其人口。

　　当时清军刚结束瞻对之役，川陕总督庆复和四川巡抚纪山只以檄谕通告两边，以求双方能握手言和。但他们根本没意识到，此刻清廷的威信力已然不足，仅凭一纸公文根本不能平息战火。

　　乾隆十一年（1746），大金川土司莎罗奔直接绑架了小金川土司泽旺，抢了他的印信。次年，又开始进攻革布什咱土司及明正土司下辖的鲁密、章谷等地。大金川的扩张战争很快波及到了川藏边界地区，逼迫这一地区驻守的清军退守保吕里。

　　关于如何终止战争，庆复和纪山产生了分歧。纪山认为应以大军压境，给这些土司以警告。庆复则认为朝廷无须插手，采取"以番治番"的策略。但两人的方法皆以失败告终，纪山所派去的军队遭到大金川的伏击，而小金川等地土司虽然收到庆复的命令，均发兵相助，围攻大金川所占领的地方，并无效果。

在两人方法均不奏效的时候，乾隆帝将云贵总督张广泗调入四川，并授予他川陕总督一职，希望他能尽快解决嘉绒藏区的战乱问题。就在这时，大金川土司莎罗奔围攻霍尔章谷，前去镇压的清军游击罗于朝被打伤。乾隆帝听闻大为光火，命张广泗火速入川平叛。

张广泗入川初期还较为顺利，他分析了大金川的形势和士兵的部署问题后，向乾隆帝请求调入贵州士兵前往金川，以备调遣。带着这些熟悉山川地形的士兵，张广泗成功收复了毛牛、马桑等地。

随后大军深入腹地，在攻打勒乌围和刮耳崖两个被莎罗奔占据的据点时，遭遇了军事生涯的挫折：大金川的碉卡是他从未见过的，清军无论是挖地道还是灌水抑或用炮击都奈何不了这些坚硬的碉卡，大军停在了刮耳崖附近再无进展。乾隆帝看到这副奏折时也无可奈何，只得命令张广泗撤回向阳，稍做休整来年再战。

岂料到了乾隆十三年（1748），莎罗奔率领大金川的士兵开始进攻清军驻守的噶固碉卡，并攻下了清军守将郎建业设立的七处卡伦，击杀了游击孟臣。郎建业部一路溃退至巴底，总兵马良柱也不得不丢弃大量火炮等武器后撤。如此一来，张广泗的再战计划便付诸东流了。

张广泗失利后，乾隆帝本欲派岳钟琪前往四川督战，但顾虑到岳钟琪与张广泗有矛盾，生怕前线不和，便改派讷亲奔赴前线。六月，讷亲赶到张广泗驻地后，并未与张广泗详细沟通，更不要说共同商讨对策了。在考察过前线地形后便决定集中兵力进攻色尔力山梁，希望直接由此进入刮耳岩。但显然张广泗并没有跟他说过沿线碉卡的进攻难度，讷亲所派出的三路大军折在了此处，以两位总兵阵亡、一位总兵重伤告终。从此讷亲再也不主动提出任何进攻措施了，而两人在大金川待了将近一年，战线也毫无推进的希望。

于是乾隆帝召回二人，改派傅恒和岳钟琪前往金川，并增加了派给的士兵、粮饷等军需物资。除了金川本地铸造的火炮，乾隆帝还命京师铸造好更有威力的冲天炮等火炮以供他攻打碉卡。傅恒等人受命后，几乎是日行百余里，飞速到达卡撒军营，以迅雷不及掩耳之势处死了小金川受控于大金川的土司良尔吉及其妻，改命小良素统领小金川的士兵。而后根据乾隆帝的指示部署了进攻金川的战略位置：傅恒自己从夺取勒乌围地区的党坝进军，卡撒的防守交由傅尔丹。若大金川首领有乞降，则应同意，以免消耗有生力量。

令他们没有想到的是，就在傅恒刚到党坝扎营，便收到了大金川土司莎罗奔的投降请求。傅恒生怕是诈降，仍然要与金川军队决战。莎罗奔等人与清军在此僵持了两年之久，见再坚固的碉寨也挡不住弹尽粮绝，在战场上找到机会就向傅恒请降。傅恒仍保持怀疑态度，要求莎罗奔及郎卡等人绑缚住自己再来请降，方能饶过他们。

于是昔日风光无限的大金川首领只得派遣使者到清军的党坝军寨要求投降，岳钟琪接受了他们的投降，而后转告傅恒，第一次大小金川之战就这么结束了。

第二次大小金川之战（上）

第一次大小金川之战以大金川土司莎罗奔的投降告终，但清廷并没有从根本上解决四川地区的土司问题。当时虽然争端暂时得以解决，但这一地区依旧没有稳定下去。

乾隆二十三年（1758），莎罗奔仗着自己的权势和地盘，开始不断骚扰革布什扎土司等周边土司，小金川地区也不堪其扰。到乾隆二十五年（1760），大金川土司莎罗奔去世，其侄郎卡承袭土司之职后，第一件事就是侵袭党坝，其他土司则结成联盟，联合起来对付郎卡。乾隆帝对这件事一开始并没有重视起来，依旧想用"以番治番"的政策解决纷争。为了表示对其他土司的支持，还罢免了与郎卡过从甚密的四川总督开泰。

但这一地区的其他土司势单力薄，有的还与大金川有姻亲关系，并不能真正意义上达到四川土司之间的平衡。大金川一直有吞并其他地区土司，在此坐大的野心。终于到了乾隆三十五年（1770）郎卡去世后，大小金川土司的婚姻联盟也更加紧密。新即位的索诺木和小金川土司僧格桑沆瀣一气联合起来攻打周边土司，甚至不把当地驻扎的清军放在眼里，明目张胆地进攻清军营地。如此一来，这一地区的表面平衡再次被打破，第二次大小金川之战一触即发。

分析过当前形势后，乾隆帝决定先从小金川下手，命大军分两路向小金川进发。一路是四川提督董天弼率领由汶川进发，一路由阿尔泰率领，并命温福和桂林从旁协理，从打箭炉出发。但初期作战并不顺利，由于阿尔泰不懂军事部署，大军进展缓慢。乾隆帝便将阿尔泰撤职，由温福和桂林统领。这二人又兵分两路，分别从西路和南路夹攻小金川，很快拿下了小金川土司所侵占的其他土司的领地。但进入小金川境内后，寻找小金川土司的大营成了难题，桂林率领的一部遭到伏击，全军覆没，桂林也因救援不利被撤职，阿桂取代了他的位置，开始指挥南路清军。

乾隆三十七年（1772）十一月，阿桂得到探报，小金川土司僧格桑驻扎在美诺官寨。于是连夜乘坐皮筏渡河，趁其不备直接攻下了大营，攻占了美诺。僧格桑直接出逃，向大金川土司索诺木求援。

在勒令索诺木交出僧格桑无果后，乾隆帝命清军分三路进攻大金川。温福率领一路由噶尔拉山越过喀尔萨尔，直达大金川土司索诺木所在的噶拉依，阿桂率领的一路则由格宗、纳围、纳扎木至当噶尔拉，丰升额一路则由章谷、吉地往绰斯甲布赶，支援舒常要攻打的勒乌围官寨。

他们要面对的是比小金川坚固无数倍的碉卡和绵延的山脉噶尔拉山，尽管已经携带了重达百斤的炮弹，还是无法逾越当地士兵挖掘的壕沟和扎好的木栅。于是温福决定改换路线，以便继续往前推进。第二年二月，温福一路到达木果木，安营扎寨，他们新的计划是从昔岭直捣噶拉依。这一地区地形较为复杂，不仅连接小金川，还可通往勒乌围，越过一带山岭便是勒乌沟，四周均有士兵出没。这些金川士兵还经常绕道清军木果木大营后面骚扰偷袭，这些没有引起温福的重视，反而让一个投诚的金川小头领七图甲噶尔思甲钻了空子。他见木果木的后方底达木守备空虚，便偷偷与小金川土司僧格桑联络，约定从此攻打清军大营，里应外合。

他趁温福将后路清军撤防，此处只剩下董天弼一支军队时，打开营门，将僧格桑大军迎入大营。董天弼此时回防为时已晚，根本无力招架，很快阵亡沙场。温福听闻后旋即命大军回到底达木营盘保护粮草，肃清后路。令他没想到的是，待他回防，后路已被切断，金川士兵已攻下木果木大营，炮台也被金川士兵强占。三千余名负责运送粮草的民夫成了牺牲品，温福率军做最后的抵抗时，不幸中弹身亡。副将海兰察率军突围至噶尔拉军营，并与刘秉恬部火速撤到了美诺一带。

这场大败使得清军不仅损失了督抚级别的指挥官，还损失了大量协同参战的总兵、知府五百余人。同时损失的粮草如大米约有一万石，火药约七万斤，其他损失折合大约有三十万两白银。

第二次大小金川之战（下）

　　木果木之战失利后，乾隆帝总结了教训，裁撤了一批文官后，又增调京师健锐营、火器营等八旗官兵大约九千余人，增调云、贵、川、陕等地的绿营兵一万余人，加上原先已经进驻四川的士兵共七万余人，开启了最后的进攻。

　　这一战的统帅依然是阿桂，他自率一路大军，向底达木、鄂克什进发，副将军明亮、富德等人率领一路大军进攻小金川的营寨美诺，副将军丰升额、海兰察率一路大军由绰丝布甲出发，三路大军先后攻克小金川境内阿喀木雅、木阑坝，收复了鄂克什等地。为了防止重蹈覆辙，阿桂下令将小金川境内的碉卡全部拆除，当地民众分散到鄂克什、明正等地。同时，又将那些复叛的士兵全部杀掉。

　　但这一地区的百姓因长期遭受战火侵扰，不堪其苦，纷纷起来反抗前来围剿土司的清军。而大金川在经受了两次战火后，增加了对碉卡的建立，防御更加严密。但依然无法抵抗住清军大炮的攻打，三路清军顺利推到了勒乌围外面的防线逊克尔宗。

　　这一地区地势较高，清军要强攻只能仰攻。为减少士兵伤亡，阿桂并没有立即下令进攻，而是逐步攻下逊克尔宗外围的碉卡，一面又顺势建设栅栏，架好大炮，为最后的进攻做准备。这一攻势让大金川土司索诺木颇为胆战，他为了投降，先杀了僧格桑及其妻妾家室，并带着这些人的尸身到阿桂军营乞求投降，因事先有乾隆帝有谕旨，索诺木的投降并没有得到允准。清军依然在前线铸造大炮攻击逊克尔宗外围的碉卡，最后将战线推进到康萨尔山。在苦战两个月以后，完全攻下了逊克尔宗附近的碉卡。至此，清军要面临的只剩下勒乌围这一座官寨。

到了七月十八日，索诺木兄弟再次到阿桂军营乞求投降，依然没有得到允准。他们只得依靠地势屏障，继续自高处向清军开火，做最后的挣扎。清军方面一边回以猛烈的炮火，一面以沙袋装上土和木柴一起当作盾牌，等攻击到山崖下方时，便将沙袋和木柴堆积起来，大约建了三层高栅，扭转了地势上的差距。经过一夜的激战，勒乌围基本被清军拿下。

索诺木只得携家眷逃往噶拉依，清军在攻克了勒乌围后，对索诺木依然紧追不舍，三路大军于十二月中旬时进驻噶拉依，并将进出寨子的水陆两条通道全部封锁。在被围困了整整两个月后，乾隆四十一年（1776）正月索诺木被逼无奈，只得率领寨子里的全部百姓出降。第二次大小金川之战至此宣告结束，大金川土司索诺木兄弟及其头领等人被押送至京城，处以磔刑。

这次战争后，乾隆帝吸取了之前的教训，不再依赖"以番治番"的策略，而是在此地设置了成都将军，同时展开大规模屯田。废除了土司制度，设立州县管辖，并将内地的政策平移至此，令当地土民与汉人混杂居住，促进了这一地区的汉化，也加强了与内地的交流，将这一地区的管辖权牢牢地控制在了中央政府的手中。

但就财政消耗来看，清廷两次金川之战耗时七年，花费在七千余万两，几乎是消耗了雍正时期存下的大部分财政收入，投入士兵及后勤部队损失更是不计其数。就对百姓的负担来说，不管是赋税还是徭役都是颇为沉重的。

乾隆帝的"初恋"富察皇后

有关清朝后宫的纷争演绎永远不会少，似乎乾隆帝永远都是那个喜新厌旧的"大猪蹄子"，但历史上的乾隆帝是有一位真爱的，我们今天就要来讲一讲乾隆帝弘历的初恋——富察皇后。

和大部分清朝皇子一样，乾隆帝的福晋都是经过皇帝选出来的。由于乾隆帝当初是被雍正帝当作继承人来培养的，所以在为他选择嫡福晋时，所匹配的是相当显赫的富察氏一族的格格。据说这位格格自小聪慧大方，出口成章，习得一手好字，为雍正帝所赏识，便定给了弘历为嫡福晋。

不难想象，这位从小接受良好教育且又落落大方的皇后会给乾隆帝什么样的影响。二人的婚典是在西二所举行的，他继位后改名为重华宫。这对少年夫妻在此一住便是九年，这里先是放着富察氏的嫁妆，乾隆帝后来把他少年时期所用过的旧物件也放在这里。重华宫不仅储藏了二人的物品，更是收藏着二人最初的伉俪情深和相濡以沫的美好时光。以至于乾隆帝晚年回想起这段青葱时光时，嘴角仍带着满足的微笑。他在自己的诗文里这样写道："宪书登寿八旬七，青邸成婚七十年。"仿佛昔日的种种景色还在眼前，富察皇后的一颦一笑也还是当年一般。

做了皇后的富察氏打理起后宫来更是井井有条，且以仁慈待人，不管是妃嫔还是普通宫女，无不盛赞皇后的。在与太后相处方面，富察氏也极为体贴，甚得太后欢心。除此以外，她还极力提倡节俭，并身体力行。

某次，乾隆帝偶然提及早年先祖开创基业时，厉行节俭，衣物的装饰也只是用鹿尾绒搓成的线，仅仅缝在袖口处。而不像现在都要用金丝银线，还要令绣工精心缝制。富察氏把这话记在了心上，后来亲手用鹿尾绒搓了丝线，缝制了燧囊送给乾隆帝。这让乾隆帝大为感动，便一直把这个燧囊带在身边，也更加珍爱富察氏了。

蚕坛建成后，皇后富察氏曾经亲自率领后宫举行亲蚕之礼。这是用来鼓励天下妇女亲自养蚕、织布的一项典礼，富察氏在典礼上当众表演养蚕丝织的方法。这样的典礼后来举行的多了，留下的蚕丝也很多，一向节俭的富察皇后不忍心丢掉，便将他们织成布，给乾隆帝当作御衣。乾隆帝对此十分欣慰，从此不管是上朝还是祭祀都会穿着皇后亲自做的这些衣服，并对皇后的节俭行为大加赞扬，还推到朝堂，命令大臣也要崇尚节俭。

如果说历史上的帝后联姻大部分是出于政治，但富察皇后对乾隆帝是真心敬爱的，除了亲手给他做荷包、做衣服，在乾隆帝生病的时候，富察氏也是发自内心的着急。某次，乾隆帝身上长了疥疮，经过太医院医治已经渐渐有所好转，只是需要每天更换敷料。富察氏不放心乾隆帝身边的宫女，怕他们偷懒，便搬到皇帝的寝宫侧殿，亲自照料他的日常起居，为他上药，直到乾隆帝完全康复，才搬回自己的宫殿。这令乾隆帝大为感动，更加喜爱富察氏了，可见这对帝后的感情与一般政治联姻还是有所不同的。

这种感情延伸到朝堂便是乾隆帝希望富察氏能生下他的皇位继承人。富察氏也不负他的期待，于雍正八年（1730）生下了他们的嫡长子，皇帝给孩子起名为永琏。"琏"是一种宗庙中盛放祭品的器皿，这个名字的命名足可见皇帝对这个孩子的重视程度，乾隆帝当时也是对这个孩子颇为器重，在自己刚继位以后便兴奋地要开始履行秘密立储，是谁的名字不言而喻。

不料在乾隆三年（1738），这个孩子便因感染风寒，病情加重而去世。寄予厚望的长子去世，这对乾隆帝来说不啻为一个巨大的打击，他伤痛得连续五天没有上朝，这对于一个刚继位又勤政的皇帝来说实属破天荒。并将他藏在匾额后面的公之于众："永琏乃皇后所生，朕之嫡子，聪明贵重，气宇不凡。皇考命名，隐示承宗器之意。朕御极后，恪守成式，亲书密旨，召诸大臣藏于乾清宫'正大光明'榜后，是虽未册立，已命为皇太子矣。今既薨逝，一切典礼用皇太子仪注行。"乾隆帝还多次亲自祭奠这位爱子，赐予他"端慧"的谥号，并昭告天下，要以"琏"字为避讳。

永琏的去世对富察氏也是一个重大的打击，她自此大病一场，身体每况愈下，一直调养了七年，才再次怀孕。乾隆帝对这个孩子也颇为重视，有记载说，乾隆十一年（1746）取消了本应在圆明园举行的元宵节活动，而改在紫禁城内举行，就是不想让富察氏因过度劳累而危及未出世的孩子。

然而令帝后悲伤的是，皇七子永琮在两岁的时候出天花去世了。除了高规格的葬礼外，乾隆帝还反思了为何嫡子相继去世，甚至怀疑了是因为历代皇帝皆非以嫡子继承大统，才导致的如此祸端？

永琮去世后，富察氏因感伤身，身体也大不如从前。但乾隆帝已经开始计划东巡，除了祭祀孔子外，还有代天巡狩的意思在。富察皇后尽管力不从心，但为了让皇帝没有后顾之忧，她还是决定跟随皇帝东巡。结果一场三月初的大雪使得富察氏的病情加重，乾隆帝十分焦急，想直接返回京城。但富察氏表示不愿意因为自己打乱皇帝的东巡计划，于是乾隆帝便抵达济南后，从大运河绕行返回京城。就在从德州回京城的路上，富察氏原本平稳的病情突然加重，在路上便去世了。

从此，乾隆帝便陷入了长久的悲痛中，他令官人保持富察氏生前所居住的长春宫，一切保持不动，直到自己即将退位，才下令撤掉。

乾隆帝最厌恶的皇后

如果说富察氏是乾隆帝永远的白月光，那么继后那拉氏则令他厌恨到极致，甚至在她死后都不准陪葬皇陵。要知道，按照清朝规定，即使后来被降为皇贵妃，那拉氏也是有资格陪葬皇陵的，乾隆帝对那拉氏的厌恶之情，可见一斑。

那拉氏也是在弘历为宝亲王的时候便嫁给他做了侧福晋，同富察氏一样，她也是雍正帝钦定的侧福晋。但在乾隆初期，这位那拉氏并没有得到乾隆帝过多关注，在他登基第二年册封后宫时，也只是给了那拉氏一个娴妃的封号。

如果说后宫的生育能力代表了皇帝对一位妃嫔的宠爱，那么作为娴妃的那拉氏的确是不受宠的，她在继任皇后前未曾给乾隆帝生下一儿半女。就连她晋封贵妃，也是因为高氏获封，后宫一并受封，她才被晋升为贵妃。可以说，那拉氏受封皇后跟她本人是否受宠完全没有关系。她本应在后宫安静地终老一生，可是皇后富察氏的死把她推到了风口浪尖上。

尽管乾隆帝再宠爱富察氏，皇后之位也不可能一直虚悬。那拉氏因为在皇后去世后时常去侍奉太后，获得了太后的赞誉，对那拉氏也是异常喜爱，命她暂时打理后宫之事。也能想到正是由于太后的赞赏，时常与乾隆帝说起这位那拉氏的好。而且那拉氏出身上三旗，是满洲镶黄旗人，又有管理六宫的经验，让她继任皇后，再合适不过。乾隆帝此时还没有走出富察氏去世的阴影，但他是一个极其孝顺的人，也知道拖过富察氏三年的丧期，他就再也没有理由不立后了。于是，在乾隆十五年（1750），那拉氏正式被册立为皇后。

尽管再放不下富察氏，为了朝堂政局稳定，乾隆帝也必须保持帝后和谐，哪怕只是个假象。那拉氏从这时起才开始受到乾隆帝的宠爱，并在其后的几年里，为乾隆帝生下了皇十二子永璂、皇五女和皇十三子永璟。此后，如同完成了任务一般，乾隆帝很快抛弃了继后那拉氏，他在其后的几年一直在宠爱令妃魏佳氏。

这十五年间，那拉氏眼见得令妃生下了四个皇子、两个皇女，位份也是一路晋升到了皇贵妃，相比自己的常年独守冷宫，乾隆帝或许还会以忘不了富察皇后为由不去见他，但魏佳氏受到的宠爱却是实实在在的。那拉氏虽然平时安静贤惠，但她毕竟不是富察氏那样温婉的人，长久以来在皇帝那里受到的委屈最终化为了实际行动。

乾隆三十年（1765），那拉氏陪同乾隆帝第四次南巡，随行的还有令妃魏佳氏。最初的时候一切都风平浪静，帝后依然维持着和谐的关系。当他们到达杭州的时候，乾隆帝还赏赐给皇后那拉氏许多膳食。但就在当晚的宴会上，那拉氏彻底爆发了，她没有陪同皇帝一起用当晚的晚膳，还把自己的头发剪掉了。史书上没有记载那拉氏为何断发，但帝后之间的裂隙已经不容弥补了，乾隆帝大为震怒，似乎是一刻也不能容忍那拉氏，当天便命额驸福隆安送那拉氏回宫，并要求她禁足翊坤宫，不许见任何人。还命沿路增加驿马纤夫，不准官员接见。

三月底，乾隆还未回京，便开始了对那拉氏的发落。他将翊坤宫内原先侍奉的宫女太监遣散，又挑了十名他认为老实可靠的前去侍奉。等到四月回到紫禁城后，便收缴了那拉氏的皇后册宝夹纸，并将侍奉她的宫人逐量减少，七月时，那拉氏宫内只剩下两名宫女，此时虽然没有明确下旨废后，实际待遇也是大幅缩减，要知道紫禁城只有位分最低的答应宫内才有两名宫女。就在此事发生第二年后，那拉氏便与世长辞了。

乾隆帝此时发布了一道谕旨，宣布废后，并着重提及了上一年的南巡断发事件，认为是那拉氏不孝，福薄不能享受皇后的尊仪。就那拉氏的葬仪，他特意强调按照皇贵妃的礼仪来即可。但实际上，那拉氏葬礼仪制只相当于嫔位，且连单独的神位牌都没有，更没有谥号，所费银两也只有二百两左右，只相当于一个低级官员。甚至连自己单独的园陵都没有，被草草安葬在了纯惠皇贵妃的地宫里，棺椁也只是杉木，与皇贵妃应用的梓木差了不是一个等级。

可怜那拉氏一生未得宠幸，死后还要被如此对待，乾隆帝此时的表现又令人不得不感叹一句"大猪蹄子"。

乾隆盛世

经过康熙、雍正时期的发展铺垫，到乾隆时期，中国的发展达到顶峰。这一时期，国土辽阔，人口就清朝前期来说发生爆炸性增长，以手工业为主的小商品经济快速发展，被后世称赞为"盛世"，也是中国古代封建体制下最后一个盛世。

政治方面，中央集权在乾隆时期达到顶峰，从康熙帝设立南书房到雍正帝设立军机处，内阁和议政王大臣从此形同虚设，皇帝对权力拥有了绝对的控制，就连军机处的军机大臣平时都是跪着接受皇帝赐予的笔录，动辄以"奴才"自称。地方上，自从雍正时期开始设立巡抚，以制约地方总督的权力，同时辅以严密的监察制度，制约督抚的权力，自上而下的官员密折制度在乾隆时期也日趋完善，皇帝通过地方官员的奏报来掌握对地方社会的直接控制。

经济方面，政府国库白银储备量较之前有大幅上涨，常年保持在六千万两到七千万两的储备，最高的年份可达八千万两。除了康熙时期废除了"人头税"，乾隆时期也曾多次蠲免钱粮多达三亿两白银。在解除了农民对土地的人身依附后，江南地区的手工业逐步发展起来，当时中国的工业产量占到世界产量的近百分之三十。随着百姓流动量的增加，小商品经济贸易在全国范围内也迅速发展。但受限于当时百姓的传统思维，商业发展的钱并没有利用到后续商业投资方面，而是用在了家乡置地、购买产业方面，所以这一时期并没有为资本主义的萌芽制造契机，加上政府对商业发展的打压，经济的发展在达到顶峰后，便埋藏着崩溃的危机。

农业却在这一时期得到了进一步发展，种植技术和方法得到了很大的改善，南方一些土地贫瘠的省份如广东地区在早、晚两季水稻收获后还辅以油菜或甘薯等经济作物，保证一年能收获三次，而江西地区在收获早稻后还推广种植荞麦，保证一年两熟。这些种植方法的改进保证了每年粮食增产在六十多亿公斤以上。

商品经济的发展也使得一些经济作物如蔬菜、甘蔗的种植量得到提升。京城周围的农民利用地窖、火室等在冬季栽培蔬菜，专门供应京城市场。乾隆年间，棉花的种植和栽培技术也推广到北方一带。

文化方面，清初采取文化高压政策，对汉人施行打压政策，康熙时期开始优待汉人士族，开博学鸿儒科，举荐了大量的汉人士大夫，如朱彝尊、施润章等人都被选入翰林编修，参与编纂《明史》，一定程度上笼络了汉族士大夫。乾隆时期博学鸿儒科已经形同虚设，成为装点朝廷门面的摆设。

为了彰显盛世，乾隆时期还下令编纂了大量的集部套书，如《大清会典》《皇朝三通》之类的，编纂体例与规模对前朝皆有不同程度的超越。乾隆三十八年（1773），更是命纪昀主持编修了《四库全书》这样的丛书，号称收尽天下图书，规模和收藏的书量都超过前朝《永乐大典》数倍，它与《古今图书集成》一起组成了乾隆时期最为庞大的类书。

由于这一时期的文化高压政策，考据学得到空前发展。以惠栋、戴震为代表的考据派梳理了古代文化典籍，通过不断地对照，他们辨别一些古籍经典的真伪，并将一些散佚的著作辑录摘抄出来，作好注疏。在梳理古代文化的同时，他们还对一些史实做了考据。正是由于他们的前期努力，使得一些晦涩难懂、佶屈聱牙的古籍能为后人看懂，为研究提供了许多便利。

古典小说在这一时期也得到了长足发展，尤其是长篇小说的兴起。如揭露八股取士对士人迫害的《儒林外史》，四大名著之一的《红楼梦》更是诞生于这一时期，《红楼梦》因此也成了中国古典小说的顶峰之作。

也就是从乾隆时期，中国逐渐开始闭关锁国，与国外的交流也只停留在皇族上层，引用的也只是国外的一些稀罕少有物件，对于国外先进的技术和知识却嗤之以鼻。但这一时期的世界正蓬勃发展，酝酿着一系列从生产方式到上层制度变革的信息，中国却依然沉浸在盛世的美梦中。

乾隆后期被贪污腐化的吏治

乾隆中后期，在解决了西南、西北地区的边疆问题后，随着国内经济逐渐恢复发展，乾隆帝也一改初期提倡节俭的风格，过起了奢侈浮华的生活。除了大兴土木修缮紫禁城各宫殿，从乾隆二十七年（1762）以后，乾隆帝开始频繁南巡。

最初的几次南巡都有笼络江南士人的目的，还亲自到江堤上视察河工，并指出大堤修缮等问题，同时还视察了在江南的织造机房考察民情。甚至在第三次南巡时亲自去海宁考察这一带的防海潮大堤，并下达了一定要重视起海塘，保住海宁的谕旨。从第四次南巡开始，乾隆帝南巡考察民情的意味就降低了很多。除了去过一次江宁的织造机房外，他的身影便只在苏州园林等江南各处风景名胜处可以见到了。据记载，这次乾隆帝的江南之行长达一百二十六天，仅在苏州便停留了将近一个月。

为了让乾隆帝的南巡尽兴，沿途官吏皆不惜重金，建造华丽的行宫是必要的，而乾隆帝也会给修建行宫的官员一定的赏赐，动辄赏银以万两起步，还有一些迎奉投其所好的官员，乾隆帝也会重金赏赐。这就更加刺激了江南官员的阿谀奉承之风，而他们上贡的物品所需要的钱财几乎都是从百姓那里搜刮来的，也有的官员趁机克扣敛财，江南百姓无不怨声载道。

乾隆帝晚年喜好奢侈，各地官员也终于松了口气，他们在地方无不搜刮敛财。其中最著名的要数甘肃冒赈案。当时查出甘肃全省上下官员沆瀣一气，共同贪墨了巨额赈灾款项。其贪污涉及人数之众，隐瞒时间之久，令乾隆帝都大为震惊。

贪污案最早发生在乾隆三十九年（1774），当时甘肃地区有种名为"捐监"的防灾办法。是考虑到甘肃地区自然环境比较恶劣，距离京城又较远，一旦有灾害发生，赈济一时无法及时到达。因此由地方上的士绅地主捐出一部分粮食做备灾用，官府相应的给予他们监生的名额。有了监生的头衔，这些人便有了做官的资格。

"捐监"这一举措在乾隆帝初继位的时候取消了，到乾隆三十九年（1774），陕甘总督勒尔谨向皇帝奏报，提议恢复甘肃地区的"捐监"政策。乾隆帝当时予以批准，为了防止地方官员贪墨，又命令捐监一律只能收粮豆，不得再折色为银两。作为双重保险，乾隆帝又派了他信任的王亶望担任甘肃布政使，负责收捐工作。

令他没想到的是，王亶望也未能经受住白银的诱惑，在上任第二年就改变了捐监的政策，把捐粮豆变为了收银钱，清代征税，粮米为"本色"，银钱为"折色"，如此一来，官员们可以直接从"折色"中抽成，以达到自己中饱私囊的目的。为保证自己贪污的这一行径不被发现，王亶望将自己的心腹蒋全迪调任为兰州知府，负责"捐监"一事。他们系统地制定了一套"捐监"程序，即按照各县的贫困程度给定出灾情，而后再根据这些"灾情"制定应收的捐款银钱。统一收上来之后，再将银钱分发给各县。而后为了更方便地收割地方捐监的折色，又想出了"坐省长随"的办法，即各县将自己的亲信派驻到省级官员们身边做长随，随时了解长官们的思想动态，在送这些"赈灾"的银钱时，均要按照这些长随们传达的意见进行，更方便上一级的官员收受贿赂，这些长随们也能从中捞一点好处。

王亶望调任后，由王廷赞接任甘肃布政司长官。他在到任之初，很快就发现了这里的冒赈事件，捐监的物品应该是本色粮草，而不应是折色的白银。他便上报了陕甘总督勒尔谨，但勒尔谨被巨大的利益蒙蔽了双眼，根本没有在意王廷赞关于停止捐监的提议。时间一长，王廷赞自己也堕落了，开始收受这些捐监的折银贿赂。

　　事情败露于乾隆四十六年（1781），当时甘肃河州管辖下的循化厅撒拉族人苏四十三揭竿而起，要求推翻清政府的压迫，一时间声势浩大，这里的百姓纷纷响应。乾隆帝知晓后，立即派凉州、陕西等地军队进剿，以保卫兰州。

　　如此众多的官军进驻甘肃，军饷后勤开支成了阻拦他们前进的道路，陕甘总督勒尔谨由于办事不力被撤职，王廷赞为了缓解危机，便主动上疏乾隆帝，说愿意将自己历年存下的约四万两养廉银上缴，以资助军饷。谁知就是这一道奏折，乾隆帝看出了漏洞。他随即指出，王廷赞只是一个布政使，且甘肃穷困，经济发展落后，为何会在到任甘肃短短四年内攒下这么多白银。

　　乾隆帝随即便命阿桂前去调查，小小一个王廷赞背后却带出了这样一个惊天贪污案件，在甘肃恢复捐监的七年间，全省一共捐下近三百万两白银，监生共约三十万名，全省约有一百一十余名官员参与其中。

　　乾隆帝在震惊之余也下了一道谕旨，赐陕甘总督勒尔谨自尽，已调任甘肃布政使王亶望、兰州知府蒋全迪斩首，继任甘肃布政使王廷赞处以绞刑。而省内官员贪污量达到一千两以上的官员处死了大约六十余名。可谓是为拔出萝卜，把全省的地都翻了一遍的节奏。

巨贪和珅的发家史

提到乾隆末期的贪污，不能不提到一个响当当的名字，这个人就是和珅。和珅本姓钮祜禄，虽然出身满洲，却家庭贫困，只是正红旗，而非满洲的"上三旗"，父亲常保也只不过是福建一个小小的副都统。母亲因为生弟弟和琳而难产去世，兄弟俩的日子过得尤为艰难。雪上加霜的是，和珅九岁那年，父亲也去世了。仰仗一位老家丁和父亲的一位偏房福晋的庇护，和珅兄弟才得以在钮祜禄家继续生活。

也正是他出身满洲八旗，得以进入只有贵族子弟才能学习的咸安宫学习。正是在这里，和珅学会了蒙语、藏语、回语等多种语言。他利用其他贵族子弟玩乐的时间努力学习儒家经典，钻研当时的八股文。可见，他当时还是想依靠科举来进入仕途，无奈最终名落孙山。

后来大学士冯英廉看上了这个年轻认真的小伙子，招为自家的孙女婿。依靠妻子娘家的这层关系，加上和珅自己文生员和满洲贵族的身份，他世袭了一个三等轻车都尉。乾隆三十七年（1772），和珅又凭借自己满洲人的身份入选紫禁城里当三等侍卫。进入紫禁城只是和珅的第一步，他并不满足于做个侍卫。这时候正好乾隆帝的仪仗队要补充人员，和珅凭借自己英俊的面庞和满洲人的出身得到了这个差事。仪仗队要经常伴驾，这是个能接触乾隆帝的条件，剩下的就是看如何引起乾隆帝的注意了。

机会总是留给有准备的人，某次在伴驾时，有大臣向乾隆帝奏报，有某地方仓库遭贼盗窃。乾隆帝顿时是怒火攻心，说了一句："虎兕出于柙，龟玉毁于椟中，是谁之过欤？"当时没人敢接茬，被选为侍卫的也大多没有读过什么书，更不知道怎么接这句话。和珅当即回了一句："回皇上，言在枰而逸，在椟而毁，典守者不得辞其过。"这句话与乾隆帝的那句话同出自《论语》，又很巧妙地回答了乾隆帝仓库被盗应该追究谁的责任。

这话顿时引起了乾隆帝的注意，他再一看，原来这小伙长得还挺英俊，又这么有才能，可不能埋没在这仪仗队里了。于是刚二十六岁的和珅便得到提拔，做了户部侍郎，还准许他在军纪处行走，后来又命他担任内务府总管大臣。如此一来，和珅便算是在乾隆帝的身边当差了。

和珅上任侍郎后遇到的第一件大案就是处理安明的徇私舞弊案。彼时和珅初入官场，心思还没有那么重，有一个叫安明的送了一封笔帖式给和珅，希望能升任司务，并附上若干贿赂。和珅并没有收下，依旧向他保证帮他办这个事儿。待和珅找到机会后，便向户部尚书丰升额保举了安明为司务。安明为此要送玉给和珅，和珅虽然办了事但并没有收下，在此便埋下一个伏笔。

结果就在这人升任司务后不久，家里父亲过世，他须按照清廷规制回家守丧三年。回家守丧便意味着丢官，安明并不想因此白高兴一场，便将父丧隐瞒了下来。但尚书丰升额却查到了安明违制，又一查，这人是和珅举荐的，于是便要联合永贵在乾隆帝那里参和珅一本。

和珅还是机敏的，他于前一天在永贵的儿子伊江阿那里得知了此事，连夜写了两份奏折，一份自留，另一份提前交到了军机处以备乾隆帝查看。果然次日，永贵便在朝堂上弹劾和珅包庇安明，和珅也拿出早已准备好的奏折，并主动向乾隆帝承认了错误。由于他事先已经在军机处备了案，乾隆帝也早已知晓这件事，说和珅不是有意包庇而是被安明所欺骗。这件事便以当事人安明凌迟，全家籍没而告终，和珅虽然侥幸没有丢命，但还是被连降两级。

官场的险恶给和珅上了生动的一课，让他明白了即使自己再清廉公正，也会被卷入是非，从此以后他便在机灵的基础上开始更加谨慎，这也为他以后仕途的飞黄腾达打下了坚实的基础。

野心膨胀：一人之下的荣光

乾隆四十五年（1780），云南总督李侍尧遭人举报贪污巨款，乾隆帝大为震怒，随即派人前去云南办理此案，这时候想起了和珅。于是在蛰伏了两年之后，乾隆帝把他从办理崇文门税务的任职上给提溜起来，派他和刑部侍郎喀宁阿、钱沣一起去云南彻查李侍尧贪污案。

经过最初的一轮审讯，案情没有任何进展。和珅明白这是自己的机会，他另辟蹊径，从李侍尧的管家入手，这位名叫赵一恒的管家忍耐不了酷刑，很快便把自己知道的李侍尧的恶行招供了出来。和珅此时并没有直接去跟李侍尧对峙，而是命人将这份口供记录下来，再将云南省内的巡抚、布政使、按察使等官员找来，给他们念了一遍这份供述。这些本就心虚的官员一看李侍尧身边的人都招供了，自己再保着他将来说不定也会被拖下水，于是便纷纷上奏，揭露李侍尧在云南的种种恶行与所犯下的大罪。

俗话说，墙倒众人推。其他曾经向李侍尧行贿过的官员也纷纷主动坦白，同时为了撇清关系，说自己是被李侍尧胁迫行贿的。就这样，和珅拿着这份半真半假的证据再与李侍尧对峙，见大势已去，李侍尧也不得不坦白了自己的罪行。和珅也因为这件事被乾隆帝重新提拔起来，被提升为户部尚书，后来升任为御前大臣，补镶蓝旗满洲都统。

除了得到重用，乾隆帝还赏赐了他大量的财物作为奖励。但和珅留了个心眼，在押送李侍尧进京受审时，把李侍尧及其下属侵吞的财产偷偷打包带入了自己的府邸，这是和珅第一次尝到了钱权在手的甜头。乾隆帝后来还把自己最为宠爱的固伦和孝公主嫁给和珅的长子丰绅殷德，并赏赐公主丰厚的嫁妆，包括大量金银、古董等。不久，又将他从镶蓝旗调入正白旗，领侍卫内大臣。从此，那个为官清廉不收贿赂的和珅不见了，他开始结交朝中权贵，一些大臣为了上位，也纷纷巴结他。

到了十月，乾隆帝有了编纂《四库全书》的念头，除了调纪昀去主持，还调了和珅担任正总裁，同时兼任理藩院尚书。这也得益于他早年在咸安宫的真才实学，使他还兼通满、蒙、藏、回等多种语言。当时适逢乾隆七十寿诞，有从西藏来的一封急件奏报到御前，是用藏文写的。当时周围的人都看了一遍，没人能看懂。和珅一看，便对乾隆帝说，这是六世班禅要来京师祝寿。乾隆帝一听便重视起来，随即要和珅回信一封。由此可见，和珅除了迎奉乾隆帝的喜好，还是能胜任这些任务的。

和他的地位一起快速膨胀起来的还有和珅的野心，在他出任《四库全书》正总裁以后便开始报复那些早年弹劾他的一些文官。借由收集天下藏书的机会，诬陷那些文官"私藏逆书"或者这些书的作者本人思想行为有问题，有反意。除此以外，和珅还担任翰林院掌院院士，借由他的同事嵇璜年事已高，无力管理，和珅便掌管了翰林院的所有事务。而翰林院又主要负责科举进士的选任，这样如有士人想进入仕途，就必须通过和珅的考验。到了乾隆后期，天下士人几乎全部都是和珅的"门生"。

除了文治方面，和珅在武功方面也能横插一脚。乾隆四十六年（1781）平定甘肃的回民叛乱，和珅也参与了平叛，并在战后因此获得一等男爵的封赏。从此，和珅的势力已经能比肩数次平乱、颇有战功的阿桂了，也因此成为与他们相对立的一股势力。

但和珅此时忙于敛财，他依仗自己的权势迫使江南的富商向他缴纳巨额财富，否则便是满门遭屠的下场。如此一来，和珅在短短几年便积累了大量财富，权势也大过从前。举一个简单的例子，乾隆四十九年（1784）的南巡由和珅负责操办，当时所花费的银两全是各府州进贡的，国库没出一两银子便完成了准备工作，这令乾隆帝十分高兴，在南巡时特意让和珅陪侍左右，以彰显对和珅的宠幸。

到乾隆五十一年（1786）时，和珅已经是文华殿大学士，同时还兼任吏部和户部的尚书，可谓是国家的用人大权和财政大权都被牢牢掌握在了他的手中。

清中期：盛世余晖　嘉道中衰

和珅跌倒，嘉庆吃饱

　　虽然掌握了一定的实权，和珅自己被授予黄带、四开褉袍等殊荣，其长子丰绅殷德也被赐予散秩大臣，可谓是已然位极人臣。但朝中还是有许多反对和珅的势力，如以阿桂、福康安为首的武将集团，以刘墉为首的御史集团等等。

　　为了打击这些反对势力，和珅创立了一项新的制度，叫议罪银。官员犯罪不一定按照实际的罪责来惩罚，可以根据其情节程度，拿多少不一的银两来顶替，以免除部分罪责。值得一提的是，这项制度所收到的银两不归国库，而放入由皇帝支配的内务府。换句话说，这是和珅给乾隆帝的"小金库"增加收入的一项措施，他自己也能从中捞取不少好处，还能哄得上下开心。对上来说，乾隆帝可支配的银两增多，方便他奢侈消费。对下来说，一些犯了罪的官员也乐意拿钱买命。所以即使有官员弹劾这项制度，乾隆帝也根本不会深究。

　　有一名为尹壮图的内阁学士曾经上疏怀疑过此项制度，声言会加重百姓负担。乾隆帝本着公平公正的态度，命他在户部侍郎的陪同下前去视察。但凡视察某地，都要事先通知当地官府，名义上说是防止扰民，其实就是给地方官府通风报信。于是这位学士视察了几个地方都没有抓到什么实质证据，反而还因诬告差点丢了小命。

　　到了嘉庆元年（1796），乾隆帝为了表示自己的孝心，在位时间不能超过他的爷爷康熙帝，于是主动禅位给皇十五子颙琰。虽然禅位为太上皇，乾隆帝对权力还是舍不得放手，牢牢地把政权掌握在自己手里，坚持和嘉庆帝一起上朝。但此时的乾隆帝已经是一位耄耋老人，心有余而力不足。平日里和珅与他相处时间比颙琰这个亲儿子还多，有时候乾隆帝一抬手，和珅就立马心领神会太上皇要做什么，于是平日上朝，乾隆帝还要带上和珅。

满朝文武大臣不仅要向嘉庆帝和太上皇行大礼，站在一旁的和珅也受得心安理得。他向太上皇传达大臣的奏本，并把太上皇的意见传达给臣工，俨然一副"二皇帝"的模样，坐在一旁的嘉庆帝成了彻头彻尾的摆设。

关于和珅为什么不继续巴结新帝嘉庆皇帝，一方面来说，和珅依靠乾隆帝，他当时已经权势熏天，控制了满朝文武，就连太医院、御药房这种机构也归他管，他显然被权力蒙蔽了双眼，加上颙琰本人没有特别被乾隆帝所重视，所以和珅此时可能根本没把新帝放在眼里，搞不好还想在乾隆帝死后继续把持嘉庆帝当傀儡，这点在他频繁往嘉庆帝身边安插自己的眼线也可看出，当时就连嘉庆帝身边的侍读都是和珅的人。另一方面，和珅是靠着乾隆帝的宠幸才位极人臣，可以说他的一切都是乾隆帝给的，虽然当时已经禅位，但仍把握实权，和珅也不好转而恭维嘉庆帝，以免自己提前人头落地。但这也增加嘉庆帝对和珅的愤恨之心，埋下了和珅后来迅速垮台的伏笔。

果不其然，嘉庆四年（1799），乾隆帝驾崩。嘉庆帝迅速把实权收回自己手里，前脚刚命令和珅总理乾隆帝的丧事，后脚便宣布和珅的二十大罪状，下令抄家。经统计，前后共抄得古董、玉器及其他金银首饰折合起来，加上白银约八亿两。要知道乾隆时期最富有的时候，国库每年的收入也只有七千万两左右。除了其子丰绅殷德因娶和孝固伦公主免除一死外，其他族人均被流放或者斩首，和珅本人赐其在家中自尽。

但嘉庆帝也知道和珅在朝中的党羽遍布，为防止事态扩大化，导致有官员借和珅贪污一案打击其他大臣，造成朝堂惶恐，便在处理完和珅后宣布此案完结，不必牵连其他官员。

盛极而衰：嘉庆时期的危机

　　康雍乾盛世就像一场华丽的烟火会，总有谢幕的时候，而这场谢幕的起点便是嘉庆时期开始的。

　　嘉庆帝最初名为永琰，是乾隆帝的第十五个儿子，生母是乾隆帝的第三位皇后孝仪纯皇后魏佳氏。他的继位既是意外也是必然，说意外是因为当时乾隆帝除了喜欢富察皇后所生的两位皇子，并曾经秘密立储外，公开表示赞赏的儿子就是皇五子永琪，觉得这个儿子精通满、蒙、汉三种语言，且满洲的骑射也没有放下。但以上三位皇子要么夭折要么英年早逝，剩下的几个孩子要么是继后那拉氏的孩子，乾隆帝"恨乌及乌"，一并厌弃，要么就是夭折或者过继给了其他宗室。所以年少就聪明又很乖的永琰便被乾隆帝看重，着重培养，并命当时的名师朱珪辅导他学习，他的继位也成了必然。乾隆三十八年（1773），乾隆帝最后一次秘密立储，便写的是永琰的名字。而嘉庆帝也不负乾隆帝所寄托的希望，学习方面颇为认真，尤其喜好读史，一度达到了历史典故信手拈来、了然于胸的境界。

　　嘉庆帝的继位是乾隆帝禅位给他的，说是禅位，但乾隆帝还在位的四年里依然把握朝政大权，嘉庆帝完全被架空，"小透明"一样的存在。就在嘉庆帝为庆祝太上皇的"十全武功"，办千叟宴时，西南边疆传来了苗疆王囊仙作乱的消息，与此同时四川地区也传来白莲教教民起义的奏报。

　　等这些叛乱被一一剿平时，湖北当阳又传来有白莲教众起义的信息。一时间全国范围的农民起义此起彼伏，这便是统治危机发出的讯号，也是盛世转衰的一个讯号。

嘉庆四年（1799），太上皇驾崩，嘉庆帝终于能亲政了。他做的第一件事便是诛杀了和珅，并惩治了一部分党羽，而后开始整顿自乾隆时期便已怠惰的内政。在执政初期，嘉庆帝还能精神振奋，下达了一系列改革内政的措施，希望能改变乾隆时期的弊政。如下旨命群臣直言进谏，将乾隆时期因进言下狱或被贬的官员重新提拔起来。并命令地方上的官员对民生大事要如实上报，不得加以粉饰。要求官员以节俭为主，摈弃奢侈之风。

然，由俭入奢易，由奢入俭难。虽然查处贪污的政令下达了，过惯了好日子的官员哪还肯重新去吃糠咽菜，对这些政令自然是敷衍了事。其后便查出了襄阳道官员胡齐仑私自克扣银两达两万九千余两，嘉庆帝大为震怒，并以此事为由，查到了始作俑者湖广总督毕沅。但这人已经去世，嘉庆帝便处置了他的家人，又肃清了湖广地区受贿的地方领兵大员。当时四川地区正被白莲教起义侵扰，已有将领负责平叛，此事一发，嘉庆帝立即派官员前去调查，将前线军务核查清楚，保证不会被将领侵吞。同时制定了严格的汇报制度，命令各路粮台"按旬开报，按月汇奏"，防止有侵吞军饷的情况发生。

但从嘉庆元年（1796）开始，清王朝便被拖入了无休无止的镇压各地白莲教起义的漩涡中。这些此起彼伏的起义凸显了当时种种社会矛盾已到了一个不可调和的激化程度，也显示了清朝中后期对西南地区控制愈发薄弱。

川楚白莲教大起义

　　清朝中后期，尤其是乾隆晚期，赋税改革带来了一系列的社会变化。这一时期人口激增，但土地却被集中在了少数大地主手中，百姓面临着无地可耕种的情况。而当时的粮食价格一直在攀升，从乾隆初年的每斗九十文涨到了每斗二百七十文，有些灾年的时候甚至高达五百多文。地价也水涨船高，从顺治初年的每亩三两涨到了每亩五十两。百姓更加买不起田，也买不起粮米了。

　　中原地区生活成本增高以后，老百姓便流向了西南地区如四川、湖广和陕西一带的深山里谋生。然而他们出来后发现，并没有摆脱压迫和束缚，反而被地主和雇佣他们的各种厂房的雇主所剥削。

　　就在这时，兴盛了几百年的白莲教乘虚而入，并适时加入了推翻剥削的教义。乾隆四十年（1775），河南地区白莲教首领举事失败后，他的弟子刘之协、宋之清等人便进入了川陕地区传教。本就流离失所的百姓听到白莲教的口号和教义顿觉感同身受，纷纷加入白莲教，共同举事。

　　嘉庆元年（1796），湖广地区由张正谟、聂杰人提前举事，得到襄阳地区教徒的响应。针对清军各个击破的策略，他们采取了流动作战的方式，避免与清军正面对战，起义军力量迅速发展壮大，并间接影响了四川地区的白莲教起义。第二年，这支起义军便流窜于湖广和四川之间，清军根本无法预先得知他们的行踪，只得采取尾随的方法。就在平乱陷入僵局时，合州知州提出采用坚壁清野的方法，将起义军从四川根据地中赶出。清军随即采纳了这种战术，果然逼迫起义军从四川根据地转移，借由这种战术，湖广地区的白莲教起义势头被打压了下去。剩余的起义教众又不得不转移至四川，与四川地区的起义军合流。

嘉庆帝在平叛时也不是一味采用军事高压手段，而是听取民情，处理了湖广、四川一批地方官员，并下了罪己诏书，希望能借此平息民怨。然而矛盾积累已久，不是处理几个贪官或者一纸诏书能完全解决的。嘉庆五年（1800），四川地区白莲教起义卷土重来，其首领冉天元集合其他起义军在蓬溪地区将清军打得丢盔弃甲。他们获得了当地受压迫百姓的支持，除了提供粮草，还为他们探路，随时汇报清军动向。

在与冉天元的决战中，清军将领德楞泰得以突围，并得到后续支援，随后便兵分四路，在马蹄岗与起义军进行决战。孰料大军被起义军围困在火石垭，一场交战后，德楞泰只剩十几名亲军还在周围。就在这关键时刻，当地地主团练首领司罗思率领团练兵勇前来支援，冉天元在迎战的时候中箭身亡，起义军顿时群龙无首，被清军援军打得溃不成军。此后白莲教起义转入低谷，仅在川楚陕交界的地带活动。

在与白莲教起义的百姓作战的过程中，清廷逐渐改变了一味剿杀的军事策略，而是一边平乱一边招抚周边地区的百姓，将发动叛乱的白莲教起义的百姓与只是信仰白莲教的百姓分开，声明只是来平叛乱的，而不涉及所有的白莲教教众。

除了口头上的招安，清廷还给出了切实的招抚政策：平定叛乱以后又将那些叛乱分子的产业分配给接受安抚的教众。这些起义的教众虽有首领，却没有一个明确的起义目标，所以很容易被清廷招抚。反观清廷方面，在剿灭叛乱后，还利用当地大地主的团练加强对地方的控制，实行坚壁清野的政策，将起义军与百姓隔离开来。如此一来，起义军无法得到后勤和兵员的补给。嘉庆九年（1804），在川、楚、陕交界地带已山穷水尽的白莲教起义军最终就地解散，再也不能与清军正面对抗了。

这次白莲教起义虽然被镇压下去了，但也暴露了清朝中后期统治的漏洞和一些埋藏在盛世下的危机。爆棚的人口带来的不是大量的劳动力，而是不稳定因素，这是土地兼并和高度集中带来的恶果。早年随康熙帝南征北战的八旗子弟早已腐化，甚至无法与没有固定组织的农民起义军抗衡，一击即溃，导致朝廷不得不依靠地主自发组织的地方团练来打击叛乱，这也为清朝后期薄弱的军事力量埋下了一颗定时炸弹。

嘉庆时期的闭关锁国

早在乾隆时期，西方就有国家派使臣前来与清朝谈论贸易，希望建立起贸易关系。这个国家自称"英吉利"，他们派出了一个叫马戛尔尼的使者率领使团前来清朝商谈贸易一事。

当时，欧洲的国家对中国的茶叶和丝绸有着很大的需求量，他们叹服于中国先进的生产力，同时又着迷于中国的文化，对中国是心向往之。到十七世纪，英国等欧洲国家通过工业革命纷纷走上资本主义道路，他们迫切开辟新的市场和原料产地，中国自然成了他们新的目标。但与欧洲国家相反的是，我国的体制到了清朝时期就几乎凝固不动了，对周围国家以"番邦"称呼之，对欧洲的认识也只停留在一些由西洋传教士带来的精巧的小玩意，诸如钟表、望远镜、显微镜之类的。西方发明出来的实用仪器却被清朝的统治者当作了玩物。对西方人还颇为鄙夷地称呼他们为"红毛番"，认为他们都应该来上贡。这种思想与欧洲国家想要平等贸易的思想是背道而驰的。

乾隆时期，清朝的对外贸易口岸就只剩下广州的十三行，清廷不允许外国人在其他沿海口岸登陆。在这种情况下，马戛尔尼使团的这次访问遭遇了颇为不友好的对待，清廷自然不屑于与英国进行所谓的平等贸易，除了他们带来的精心挑选的"贡品"被留下了以外，他们提出的几条贸易协定均被驳斥了。这次访华也为欧洲诸国对中国的侵略埋下了伏笔，他们对中国友好礼貌的滤镜全被打碎了，为了强行开拓中国这个市场，他们做好了准备。

而唯一可以与清朝通商的广州十三行，他们受到的待遇也没有什么优惠。除了要被当地官员层层盘剥外，日常生活也被严格限制，对待他们宛如对待囚犯。就连要想上岸做生意，也先要用重礼贿赂各级官员，缴纳足够的礼金。

如此种种的经历使得欧洲国家开始考虑用武力轰开清朝的大门了。首先行动的便是英国，嘉庆十三年（1808）九月，英国借口保护自己商人在内地的贸易，抵御法国为由，占据了澳门。

嘉庆帝颇为震惊，他对两广总督百龄做出指示：一定要提防英国人，如果他们敢带多余的兵上岛，就派官军围剿。他们在中国沿海地区的活动对嘉庆帝的统治也造成了一定的影响，在嘉庆帝看来，他的墨守成规是在令清朝缓慢恢复生机，并有可能再造一个盛世，这些"蛮夷"的试探无疑是对他皇权极大的挑战。于是他下令，不准外国人在内地居住，同时禁止内地百姓接触传教士，禁止他们接触天主教。

但这种强行闭关却没锁住百姓，日益严重的社会矛盾使得百姓的生活越发贫困。嘉庆十八年（1813），一伙起义的天理教教徒与紫禁城的太监里应外合，冲进了紫禁城，甚至还打到了皇后居住的储秀宫附近。尽管皇二子绵宁带领侍卫全歼了这帮教徒，但还是在嘉庆帝心中留下了一道阴影。

事后，他亲笔写了罪己诏，除了反思自己为政的过失，重点指责了满朝文武，并希望他们不要尸位素餐，为祸百姓，在社会上造成一系列不良风气。其后，嘉庆帝便把自己和清朝紧紧裹了起来，先后拒绝了英国使臣要求建立外交关系、增加通商口岸的要求。但此时，虽然有禁烟令，鸦片烟已经在内地逐渐点燃起来，也燃尽了清朝最后的一点光芒。

嘉庆时期丛生的弊政

　　尽管嘉庆帝对乾隆时期的弊政多有改革，但也仅限于皮毛。虽有明令禁止官员奢侈腐败，他自己也十分克制节俭，但清朝官场腐败奢侈的风气盛行已久，嘉庆帝本人又十分仁慈柔和，根本无法进行更深层次的创新改革。

　　加上嘉庆帝一味墨守成规，针对当时日益突出的财政问题、腐败问题等，他选择的是从祖宗的宗法里寻找解决方案。针对腐败问题，嘉庆帝认为既然严刑峻法都无法解决现有官场的腐败，那就重新选拔一批官员。在制定选拔标准的时候，他将德行排在了才能之前，认为"宁可使才不足，不可使德确谦也"。

　　按照这种方法，嘉庆时期选拔的中央官员大多小心谨慎，同嘉庆帝一样墨守成规。看不到制度的缺失，也看不到国门外世界的变化，一味在选用人才的方面较劲。

　　究其根源，清朝在乾隆时期商品经济繁荣发展，大量白银从国外流入，但官员们的俸禄从乾隆时期一直到嘉庆时期仅上涨过一次，加上当时物价飞涨，粮米都已经涨到五百文一斗的地步。雍正时期制定的养廉银根本无法负担起这些官员的日常开销，加上当时风气的影响，地方官员们普遍都要贪污一些。

　　财政方面，康熙年间的"永不加赋"成为制度后，与成倍增长的人口成反比的是清朝国库日益入不敷出的收入。嘉庆十七年（1812）的各项国库税收只有四千多万两白银，相比巨额军费，是严重的不足。但嘉庆朝的皇帝和大臣均没有看到财政方面改革的突破口，嘉庆帝只一味地劝大臣节俭，劝百姓节俭，显然也是治标不治本。

而面对爆炸式增长的人口，土地显然已经不足以耕种，小商品经济的发展也促进了手工业的发展，但重农抑商的传统思想仍盘旋在嘉庆帝的脑中，他禁止百姓从事工商业发展，同时还将乾隆时期放开的开矿权力收归国有，禁止百姓私自开矿。如此一来，这些多余而没有土地的人口便成了社会的不稳定因素，一有风吹草动便会揭竿而起。

而嘉庆帝本人对守成无法带来社会的革新也是颇为迷茫，但他也丝毫没有懈怠自己，依然是按照雍正帝的作息来严格要求自己，甚至在去世前三天，还在处理地方上送来的奏折。嘉庆二十五年（1820），嘉庆帝颙琰撒手人寰。据史料记载，他是因"偶感喝暑"而去世。如果说乾隆帝留给他的国家是一个癌症初期的"病人"，那么他留给他的儿子道光皇帝的则是一个癌症扩散、已然病入膏肓的"病人"。

道光帝继位后面临的不仅仅是国内日益加深的社会矛盾危机，还有古老中国从来没有遇见过的世界级的危机。

从嘉庆至道光的急转直下

　　道光帝名绵宁，后更名为旻宁，是嘉庆帝的嫡长子。十岁的时候曾经跟随祖父乾隆帝参加木兰秋狝，亲手射杀了一只鹿，得到了祖父的赞赏，还奖励给小旻宁黄马褂和花翎。这次秋狝也成为了后来他被立为太子的契机，但他从嘉庆帝手里接过的，却是一个千疮百孔的"烂摊子"。

　　和他的父亲一样，道光帝几乎没想过变通。从改革吏治到整顿经济，无一不是沿用嘉庆时期的套路。

　　政治方面，继续整顿以贪污腐败为首的吏治问题，借着"遗诏事件"，撤换了一批军机大臣。同时为了防止地方官员贪污河工费，他下令禁止监生、贡生等染指河务。广开言路这一政策也被沿用，他提拔了一批敢于直谏的官员，为了让官员敢于说话，他还将上弹劾奏本官员姓名职位及所奏时间裁去，甚至只裁选关键部分。

　　财政方面，虽有大臣上奏关于耗羡、盐务混乱，杂税存剩等一系列问题亟需解决，但道光帝却没看到改革的关键，只是继续沿用嘉庆时期的政策，并提倡节俭。自己也以身作则，登基之后先是停止了地方各省向上的贡赋。而后又大幅缩减内务府的开支，他在位时，每年宫内的开销只有二十万两白银。要知道乾隆时期内务府大臣给太后举办一场寿宴都要几百万两白银，可见道光帝真的是将父亲的话奉若圣明。

　　在矿业的开采方面，道光帝还是勇于迈出了解禁的一步。道光年间，民间采矿业兴盛发展，为挣扎在生死线上的百姓带来了一丝希望。而随着纲盐法面临崩溃，道光帝听取了大臣的意见，用票证代替只有盐商才能拥有的盐纲，默认了私盐的经销。提出只要缴纳一定的赋税，领取了票证便可经销食盐。这种政策降低了盐价，一定程度上促进了盐的销售，增加了国库盐税的收入。

但衰落总是伴随着内部的动荡，一如嘉庆年间的白莲教起义，道光六年（1826），乾隆年间大和卓的孙子张格尔利用天山南路百姓反抗清廷参赞大臣静斌的残酷压迫的情绪，集合了安集延士兵入侵了天山南路，试图恢复清朝初年大和卓在天山南路的统治。道光帝反应迅速，调集陕、甘及四川地区的士兵约三万人，在陕甘提督杨遇春的指挥下进入天山南路平叛。过了一年，大军迅速平定了张格尔的叛乱，收复了被他占领的喀什喀尔、叶尔羌等城池。值得注意的是，这次天山南路的叛乱有英国的支持。

就在道光帝沉浸于南疆平叛胜利的荣耀和兴奋中时，广州地区却开始了另一场扭转清朝命运的战争。

晚清：充满耻辱的近代史

虎门销烟：鸦片战争的开端

　　清朝的鸦片问题并不是道光年间才有的，早在乾隆年间，鸦片在中国的输入量就已达到了进口总量的一半，而从类似枪管的物品吸食鸦片的方法使得人们服用鸦片的方式简单化，对鸦片在中国社会的普及有一定的促进作用。乾隆四十五年（1780），清廷重新颁布了禁烟令，禁止鸦片和相关器具的输入。但面对鸦片的迅速普及，这道禁令也变成了一纸空文。

　　前已有言，乾隆帝拒绝了英国使臣马戛尔尼通商的请求，而嘉庆帝也拒绝了英国建交的要求。清朝的停滞导致中国当时依然是一个自给自足的小农国家，对欧洲的商品也没有任何需求，对当时的百姓而言，那些商品只是上层贵族消耗的奢侈品罢了。相对的，英国对中国的丝绸、茶叶等物品的需求却很大，如此一来就造成了相当大的贸易逆差。中国对英国的贸易一直是出超状态，英国商人却十分痛苦，中国市场无法打开，却还要一直付出白银。

　　而清朝对鸦片的大量输入让他们看到了希望，英国人在占领了印度后，便在孟加拉地区大量种植鸦片，发展出了一条从英国到印度再到中国的鸦片贸易链。这条贸易链不仅打破了中英贸易间出超的情况，还严重威胁着清朝的统治。据史料统计，道光年间吸食鸦片的人口达到了二百万人之多，从达官贵人到平民百姓，甚至清朝军队中的士兵、将领也有大量吸食者。鸦片不仅侵蚀了吸食者的身体健康，还侵蚀了清朝八旗士兵的战斗力。因此道光帝在位期间重申了禁烟令，道光十一年（1831），还命李鸿宾彻查英国人违反鸦片禁令的贸易，并且向广东地区的百姓再三申明吸食鸦片的处罚政令。但依然没有阻挡住英国人走私鸦片的脚步。这些英国商人通过贿赂十三行的官员，利用一些特制的快艇将大批鸦片运进内地。据记载，韩肇庆借两广总督邓廷桢恢复巡船的机会，以保护渔船为由，偷偷保护与其有勾结的英国运送鸦片的船只。

可以说，从道光十一年（1831）起，道光帝一直在寻找能阻止鸦片在中国境内流通的方法。直到道光十八年（1838），鸿胪寺卿黄爵滋的一封上书使他认识到采用强硬手段禁烟的必要性。经过满朝大臣的讨论，道光帝决定任命湖广总督林则徐为钦差大臣，并将广东水师的控制权也交给他，命他前往广州督办禁烟一事。

次年，林则徐一到广州，便向民众申明了鸦片的危害，同时将道光帝禁止贩卖鸦片的谕旨通告给了在广州的诸国商人。在两广总督邓廷桢、广东巡抚怡良的配合下，林则徐等人在广州地区抓捕了许多烟贩，查封了大批烟馆，为震慑其他烟贩，他还下令处死了烟贩头目冯安刚。

接下来便是在全城严厉地收缴鸦片的活动，林则徐命令这些烟贩要在三日之内交出所有鸦片，然后签下切结书，发誓以后不再贩卖鸦片。但这项政令显然没有威胁到那些有官府背景的烟商，更不用说英国来的烟商。他们认为只要交出一部分鸦片做做样子，便可以将这场禁烟活动应付过去。

林则徐大为愤怒，他命令广东水师将十三行围住，并封锁了海岸，活捉了意欲逃跑的英国商人兰士禄·颠地。当时东印度公司的商务总监查理·义律听闻十三行的情况后，慌忙奔赴广州，虽然冲进了"包围圈"，然而等待他的却是断水断粮的囚禁。

到了二月，义律不得不向林则徐屈服，同意交出所有鸦片。其他烟商见此情景，纷纷交出了自己的所有货仓存货。林则徐将收缴来的鸦片在虎门统一销毁。这场销烟的大火整整烧了二十二天，振奋了当时百姓的人心，也表达了清政府禁烟的决心。

令林则徐没有想到的是，义律在上缴鸦片时，留了一手。他没有让本国烟商将所有鸦片直接交给林则徐，而是经过义律的手交给林则徐，上缴之前，义律还给各烟商写了商业收据，上缴的时候，义律是以英国女王政府的名义缴纳的。如此一来，两国单纯的商业行动就上升到了两国外交的地步，这场销烟运动也揭开了鸦片战争的序幕。

第一次鸦片战争（上）

随着禁烟运动而来的是一系列英国方面的"奇特操作"：先是道光十九年（1839）七月，九龙尖沙咀一农民被英国的水手打死。义律知道后，不仅隐瞒真相，还以所谓领事裁判权为由拒绝交出杀人凶手，只答应赔偿了事。事后又草草在船上开庭，对几名凶手仅处以监禁和少量罚款，将凶手送回英国本土以后才通知当地官府知道。

当时在广州的钦差大臣林则徐命人查阅了相关典籍后，认为义律所言领事裁判权不符合当时的国际公约。次年，得知义律擅自做主将凶手遣送回国后，便上奏道光帝，下令停止了十三行与英国的一切贸易往来，同时停止供给英国人的食物等，撤走了在英国贸易区服务的买办、帮工等。同时还发出通知，要求驱逐所有在中国境内的英国人。

这下英方彻底被激怒，纷纷要求出兵，给清廷施加压力，同时还打着将英国在清廷的损失都捞回来的小算盘。早在虎门销烟事件后，英国方面便有要求出兵的打算，当时英国自己也陷入第二次经济危机的漩涡中，国内矛盾激化，大批工人失业，经济萧条衰退严重。在得知销往中国的鸦片被大量销毁后，英国外交大臣巴麦尊便率先开麦：要派遣一支舰队到中国去！以此转嫁国内经济危机带来的矛盾。

在英国政府通过战争行动的投票之前，义律就多次命令军舰与中国广东的水师交火，接连发生六次攻势，企图以武力迫使林则徐同意废除禁令，但都被中国水师接连打退。林则徐本人抗敌意识也很强烈，丝毫不愿意退让。到了六月，英方派乔治·懿律为统帅，率领大约两万人的军队组成所谓"东方远征军"陆续开赴中国战场，第一次鸦片战争揭开序幕。

道光二十年（1840），抵达广东海域的英军率先封锁了珠江口。由于广州地区在林则徐的指挥下做了准备，戒备森严，英军无法从广州登陆，只得选择北上，攻陷了防御工事较弱的定海地区，作为以后打击清军的军事据点。八月到达天津白河口后，向清廷递交了英国外交大臣的照会。

眼见英军逼迫天津大沽口，先前没有把英军放在眼里的道光帝迅速认怂，同时命令直隶总督琦善，如英军舰队没有先开火开炮，那么清军方面也不必与之交火。实际上，就算没有道光帝的命令，琦善等人没有与英军交战的能力，天津地区仅有八百余人的守军，军事重地山海关附近甚至都没有大炮驻防。英军只是到达天津附近，这些总督便慌了手脚，生怕与英军开战。和谈的情绪就是在满朝文武消极抵抗中酝酿的，加上道光帝本人也没有什么开战决心，于是便任命琦善前去天津与懿律谈判。

琦善等人到达天津后，先是斥责了在广州的林则徐等人的禁烟活动，而后表示会给英方一个交代，并同意赔偿之前损失的烟价大约六百万，要求英军撤退。如此一来，只有在广州地区军队还在抵抗英军的入侵。义律并不满足于只赔偿，不开放口岸，于是道光二十一年（1841），退回广东的英军发动攻势，占领了大角、沙角一带的炮台，守将陈连升、陈鹏举父子加上当时的士兵全部战死殉国。

义律趁机提出要求割让香港岛的要求，并与琦善签订了所谓的《穿鼻草约》，但这条款并未经过清廷同意，也并未盖上清方任何章印。英方不满意没有开放任何口岸，而清方也不满琦善随意割让土地，下令将琦善召回并抄家，第一次鸦片战争至此告一段落。

第一次鸦片战争（下）

道光二十一年（1841），道光帝听闻广州关键据点炮台接连失守，定海也还没交还，大为震怒，随即下诏对英宣战。改由奕山、户部尚书隆文和湖南提督杨芳负责前线战事，并调集军队约两万人前往广东作战。

义律为推进和谈进展，逼迫清廷同意签订苛刻条约，在清军抵达之前便攻打虎门炮台，尽管广东水师提督关天培率领士兵奋勇抵抗，虎门炮台仍然落入英军之手，关天培也在此次战役中殉国。

三月，奕山等人到达广州后，并没有进行任何作战部署，而是在义律提出休战谈判后，迅速与之和谈，并逐步恢复英国在广州的贸易。在没有对英军部署分析透彻的情况下，便于五月二十一日下令，派一队士兵约两千人趁夜色乘快船，火烧英军大营。但次日就遭到英军的反攻，清军在毫无准备的情况下被打得四处逃窜，一路溃退。

反观英军，乘胜一路追击，广州城郊的军事要点尽数被英军占领，大批清军龟缩在城内，不敢出城迎战。在英军准备攻城的时候，奕山便命人在城上悬挂起白旗表示投降，同时派人出城投降。次日，签订了《广州和约》，条约规定，清军要撤离广州，只给六天时间；并交纳赎城费六百万元，同时还要赔偿英国商人的损失大约三十万元。

和约签订和奕山所率领的清军不抵抗行径激怒了广州的老百姓，他们纷纷拿起武器反抗，三元里百姓自发组织，将英军围困起来，同时进攻四方炮台。在当地士绅的指挥下，英勇组织抵抗，英军被围困在了四方炮台。直到奕山派广州知府余保纯强行解散了群众，这场斗争才告结束。而奕山害怕道光帝追究责任，便谎报军情，将这场战役的失败说成是胜利。

《广州和约》仅仅围绕着赔款来，并没有达到英国在中国开辟新的通商口岸的要求。于是英政府便撤换掉了义律，改任璞鼎查为总指挥，全权负责对清作战及后续条款的签订。

八月，璞鼎查率英军再度北上，攻陷厦门后继续攻击定海。尽管负责浙江防务的总督裕谦坚决抵抗，但落后的火器和船舰依然无法与英军抗衡，浴血奋战三个月后，定海再次陷落，负责定海海防的总兵葛云飞等人全部阵亡。以定海为据点，英军先后攻占镇海、宁波两城，两江总督裕谦战死。

如此迅速的失败令道光帝大为震惊，他重新调集两万大军开赴浙江，同时任命奕经为将军，全权指挥作战，希望能扳回一局。但这位闲散王爷并没有迎战的勇气与决心，到达苏州后便停滞不前，只图吃喝享乐，导致当地百姓怨声载道。在朝廷的再三催促下，奕经才在道光二十二年（1842）二月到达绍兴前线。在没有分析前线形势的情况下，便草率地将大军分为三路，不顾大雨连夜突袭宁波、镇海和定海三座城池。怎奈英军早已侦察其行军路线，清军反而被英军打了个措手不及，仓皇撤退。其后驻扎在慈溪的清军试图反攻，却被英军再挫锐气，反而导致慈溪陷落。

五月，英军继续北上，集中兵力进攻乍浦。江南提督陈化成不顾两江总督牛鉴的撤退命令，坚守吴淞炮台，孤军无援，直战至弹尽粮绝而死，吴淞失陷。英军一路西进，所到之处只有少数兵力进行抵抗，其余将领闻风丧胆，一路撤退。如此一来，英军到八月便打到了南京下关地区。

道光帝收此战报，与英军决一死战的雄心也被击溃，随即派耆英和伊里布前去南京与英军和谈，说是和谈，其实清军并无底气与英军谈判，只得全盘接受了英军提出的各种苛刻条款。第一次鸦片战争到此结束。

第一个不平等条约：《南京条约》

鸦片战争结束后，耆英等人与璞鼎查在英国军舰上签订了第一个不平等条约，由于是在南京下关签订的，所以这个条约又叫《江宁条约》，也即后来为人熟知的《南京条约》。

条约一共分为五个部分，为割地、赔款、开放通商口岸、关税自主与"公行"制度的废除。具体如下：

> 一、割让香港岛的行使主权给英国，准许英国君主在此设立法令治理。
>
> 二、全面开放广州、福州、宁波、厦门、上海五个通商口岸，并允许前往贸易的英国人携带家眷在上述地区居住，英国也可派驻相关领事馆官员协同管理，专一负责商业贸易。
>
> 三、英国商人在上述口岸进行贸易，不再受限于"公行"制度，不论其做何种贸易的商业活动，均应按照其意愿进行。而以前公行行商所欠英国商人的银两改由中国官员赔偿，议定赔偿洋银三百万元。
>
> 四、英国商人在通商口岸应缴纳的各项进出口税款等，均应秉公议定相关则例。即英国商人可以不遵守清廷设置的例银税率，可以按照货物自行决定相关税率，这方面清廷还要与英方商议。

五、赔偿英国军费、销毁鸦片的费用等款项总计两千
一百万元，但广州城的六百万赎城费不在其中，需要另外
支付。

后期在协商关税等具体事宜时，英国政府又趁机攫取了一些其他特权，与清廷补签了《五口通商章程》，后又协定了海关税则，这些共同组成了后来的《虎门条约》。具体条款如下：

一、英国在相关通商城市有用领事裁判权，当在此地
居住的英国人犯罪时，应由在此地的领事官员议定章程，
给予相应处罚，清廷官员无权过问。
二、英国人可以在通商城市租赁土地并拥有居住权。
三、清廷在将来与其他国家签订条款给予优惠权力
时，英国商人享受"一体均沾"的待遇。
四、准许英国军舰进驻通商港口停泊，名义上是可以
管束英国水手，实则方便本国商人通商。

除以上条例外，《虎门条约》还规定了进出口的海关税则，一些货物的关税降低50%到90%不等，还规定凡是未列入税则的进出口货物一律抽取5%的税值。

以上跟英国签订的条约给中国最直接的影响就是，中国丧失了主权，香港成为第一个被他国强行行使主权的地区，中国从一个主权独立的封建国家渐变为半殖民地半封建社会的国家。

关税协定的规定又使得中国丧失了海关自主权，低到离谱的关税便利了外国人对中国倾销商品，中国海关基本失去了保护本国经济发展的作用。

领事裁判权的开启又令中国丧失了独立司法权，开创了在中国居住的外国人不受法律约束的先河。而片面最惠国待遇这条又为以后其他国家互相援引条例，保证本国在中国的利益最大化提供了便利。

而"罪魁祸首"鸦片在《南京条约》签订的过程中虽然没有被提及，璞鼎查曾多次试探清廷底线，企图将中国境内的鸦片贸易合法化。甚至提出与其大费周章禁烟，不如对鸦片收税，耆英虽然对这种税表示怀疑，但还是说如果英国每年能保证缴纳五百万两的鸦片税，他才会奏请道光帝批准。这显然超过了璞鼎查的接受范围，于是鸦片合法化一事便不了了之了。但条约签订后，英国鸦片的走私量反而是战前的数倍之多。

西方列强的趁火打劫

在看到英国通过签订条约获得了这么多利益和好处后，西方其他国家也纷纷效尤，以发动战争相威胁，逼迫清廷签订了一系列条款，除获得英国在条约中已有的好处外，还扩大了领事裁判权等权利。

美国是第一个前来勒索的国家，道光二十三年（1843），美国专使顾盛带着使命前来，利用清廷对鸦片战争的阴影，将战舰开进港口，并威胁说，如果不答应和谈，便引兵北上，直到天津河口。法国政府一看，果然有好处，于是采用同样的威胁方式胁迫清廷。就这样，道光二十四年（1844）七月到十月间，清廷派耆英先后与美国特使顾盛和法国特使拉萼尼分别签订了中美《望厦条约》和中法《黄埔条约》。

这两个条约除了获得英国在《南京条约》中的所有权益外，还扩大了领事裁判权的范围，除了因商品贸易而起的外，其他一切诉讼均由美国领事馆审理。关税权也被剥夺，清廷若想变更关税，还需要与这些国家的领事馆官员商议，得到允许方可更改。美国的军舰也可以到各通商港口巡查贸易，还可在通商口岸的城市建立教堂、医院等公共设施。若各个国家在通商口岸修建的这些公共设施遭到损坏，地方官还要受到相应惩罚。从此西方各个国家打破了乾隆时期禁止传教的政令，开始了在通商口岸自由传教的时期。

比利时等其他国家也趁机要求同等权益，清廷为表示"大度"，一视同仁。就在这时，一直窃居澳门的葡萄牙趁机攫取了对澳门的管辖权。趁火打劫的还有沙俄，他们趁机侵占了东北地区和新疆一带的领土。

道光二十九年（1849）开始，沙皇尼古拉一世将穆拉维约夫派到西伯利亚地区，任命其为总督，趁机由海上入侵东北黑龙江和库页岛地区，西北地区的伊犁地区也被他们侵占，至道光三十年（1850），沙俄已经占领了巴尔喀什湖以东、以南的大片领土。并强迫清廷签订了《伊犁塔尔巴哈台通商章程》，获得了英法等国在东部等同的包括领事裁判权在内的一系列特权。

　　通过与西方列强签订的一系列不平等条约，中国除了丧失了海关权、部分司法权等一系列权力，还被迫卷入了世界资本主义的发展潮流中。西方列强在拼命榨取在中国的权益时，也给清朝政府迎头一击，打开了东方古国一条缝隙，使得当时的一些埋头研究古籍的士绅被迫"开眼看世界"，引发了当时一部分士人在思想和学风上的重大变化。

开眼看世界：战后的中国社会

鸦片战争后清廷被迫签订了一系列丧权辱国的不平等条约，给当时的清朝带来了从上到下的变化。

政治方面，清朝丧失了包括海关关税自主权、部分司法权在内的行使权力，国库失去了一半的收入，还要赔偿英国洋元，折合白银大约一千四百万两，但清廷实际上支付了比之还要多的白银数量。从此清廷"天朝上国"的美梦被打破，使得一部分统治阶层开始思考如何恢复军事实力的问题，一定程度上也使中国在近代化上迈出了一步。

社会经济方面，首先是社会性质发生了根本性的变化，中国开始由封建社会变成了一个半殖民地半封建的社会。五个通商口岸的开放加上极低的关税，欧美资本主义国家开始大量向中国倾销商品，同时利用中国廉价的原料生产，破坏了当时自给自足的自然经济体系。在这种条件下，中国逐渐被卷入西方资本主义的市场，沦为西方资本主义的附庸。

外国商品在通商口岸的大量倾销也严重冲击了当时在内地兴盛的小商品经济。国外流入的商品以丝织品为例，大多品相比家庭手工作坊织出的效果要好，价格也多半是当时土布的三分之一。当时商人将苏州、松江所产的棉布运往宁波、上海一带销售时均遭到打击，他们在这里也看到了洋布的便宜，纷纷在此购买江浙地区的棉布，连同其他货品运回销售，生意反而出奇的好。

自然经济在通商口岸城市迅速解体，这些通商口岸大多在长江沿岸，交通便利，且靠近当时江浙地区的丝、茶产地，其中以上海发展最为迅速。借着长江入海口的便利交通，欧美国家纷纷把企业建在上海，为了保护本国经济的发展。道光二十五年（1845），英国的领事还与地方官员议定土地章程，强行从上海划定一片区域作为英国人居住的固定地点，不允许其他国家干涉，这便是租界的开端。清廷逐渐失去了在这些租界里的司法权和行政权，租界也成了一片法外之地。据史料记载，上海的租界成为罪犯的天堂，不管是走私鸦片还是杀人放火，其罪犯在这里比比皆是。

思想文化方面，这些生活在江南的士大夫眼见着欧美侵略战争给中国社会带来的一系列影响，思想上受到巨大的冲击，一部分士绅率先觉醒，提倡"经世致用"，反对当时一味研古复古的风气，提倡向西方学习，进行某些方面的改革，以抵御外国侵略者，一洗前耻。他们的主张成为当时的一股新思潮，打破了学术界凝滞的氛围。他们不再埋头编写大部头的古书集合，而是开始翻译或编写自己看到的内容。

这部分人以魏源等人为代表。魏源和林则徐一样，是禁烟运动的先驱，鸦片战争后，他更是看到了清廷与西方国家的差距。于是以《四洲志》为底本，同时综合了其他文献资料，将西方各国历史、地理位置及当时清廷应采取的相关政策一一列举出来，汇编成册，这就是当时著名的《海国图志》。

这本书介绍了许多当时欧美国家所制造的新式机器如蒸汽机和火轮船的结构原理和制造方法，魏源提出希望清廷能学习西方国家先进的工业技术，建立起一套属于自己的新式造船厂和火器局外，还提出应给予民间建造近代化工厂的自由，希望能"尽得西洋之长技，为中国之长技"。

除此之外，魏源在书中还介绍了西方的民主制度，认为西方的这一制度有一定的优越性，西方参政议政的官员和总统都是由民众选举的，有来自民间的意见，可以参考，这在当时"家天下"思想为主的大环境中是颇有一定先见的。

以魏源、林则徐为代表的士绅编写的新书或关于西方制度或关于西方的近代化工业，开创了一个新的文化研究领域，这是自古未有的。

内忧：太平天国起义的起点

鸦片战争结束后，除了割地还有包括赎城费在内的大量赔款。前已有言，晚清时吏治腐败，从上到下官员贪墨横行，百姓苦不堪言，国库收入也大不如乾隆时期。

战后一面是巨大的贸易逆差，中国逐渐由"入超"变为"出超"，白银大量流失，一面又要支付巨额赔款，国库显然拿不出钱，只得把这一负担转嫁给老百姓。而贸易逆差又使得中国国内物价下跌，当时中国的赋税是征收白银，老百姓必须把粮米卖掉来换取白银，物价下跌导致农民们必须卖出比之前更多的粮米。道光末年，长江和黄河的泛滥又导致两岸遭受了严重的自然灾害。如此天灾人祸，导致百姓苦不堪言，农民起义运动此起彼伏。而这也是太平天国起义的主要原因。

再来看太平天国起义的首领洪秀全。洪秀全本是广东地区一个普通的秀才，家族里都是普通的农民。他熟读四书五经，去广州本是为了应试。去应试的时候，还抱着能进入仕途的心态，希望能进入朝廷做官。但从道光八年（1828）考到了道光二十三年（1843），皆无缘及第。

屡试不第给洪秀全造成了一定的打击，心灰意冷之下，他想到了之前从广州带回来的传教士所散发的名为《劝世良言》的小册子，便翻开来看。没想到这下打开了他"新世界"的大门，洪秀全被里面所言人人平等和上帝的异象打动，他认为自己就是上帝在人间的化身，要追求"上天堂之真路，与及永生快乐之希望"。也就是从这时起，从未读过《圣经》的洪秀全变成了一个"虔诚的基督徒"。他把自家供奉的孔孟牌位换成了上帝的，日日祝祷。

　　这也是后来洪秀全创立拜上帝教的契机，他开始在自己教书的村里宣扬上帝，逢人便劝，让他们改信上帝，不要再拜祖先和其他神佛。但他的言行并未被当地的百姓和官府接纳，在洪秀全将自己教书的私塾中孔子的牌位和塑像全部撤掉后，他教书先生的职位也彻底丢了。

　　道光二十四年（1844），洪秀全便带着自己"受洗"的同族洪仁玕和同乡冯云山踏上了云游传教的路途。他们先在广西贵县落脚，冯云山则进入了桂平山区一带传教，利用洪秀全自己编纂的《原道救世歌》，他们增加了一百多名教徒。

　　《原道醒世歌》是洪秀全在多次传教失败后总结的经验教训，将基督教的教义与广为百姓接受的儒家理论相结合，主张百姓应该信奉上帝，人间万物皆是上帝所造，上帝要世人行善积德，反对忤逆父母、杀人放火为盗贼等一切不道德的行为。后来他又编写了《原道醒世训》，主张人人都是得上帝庇佑的兄弟姐妹，彼此不应该相互伤害，尔虞我诈，应当相互体谅，患难之时还要相互救赎，这样才能回到上古时期那种天下大同的世界。

　　正是带着这样的思想，在不为人所认可的情况下，洪秀全从广州回到了广西桂平山区与冯云山汇合。此时冯云山已经在桂平县的紫荆山区建立了一个拜上帝教的组织，发展了教徒约两千余人。这令洪秀全大喜过望，他又把自己编写的两本"纲领"分发给当地农民，与冯云山策划制定了统一的教规和各种宗教仪式，以便规范管理教众。可以说，在广西桂平的这段时间，逐步形成了太平天国运动的群众基础和制度基础。

太平天国起义爆发

至道光二十七年（1847），洪秀全也发展出了拜上帝教更为符合在本土发展的一套理论，开始将矛头对准清朝统治者。他认为只有上帝才能称帝，历代帝王都是妄自尊大，篡改上帝在人间的统治，将清朝统治者放在了对立面，冠以"阎罗妖"的名号，认为是共同信仰拜上帝教的兄弟姐妹们共同的目标。

但上帝毕竟是虚无的，洪秀全便将自己塑造成在人间的化身，宣称自己是上帝的次子，耶稣的弟弟。还自封为"太平天王大道君王全"，受上帝之托前来矫正扭曲的现世，斩杀一切妖邪。

拜上帝教在广西地区的发展引起了当地官府和地主的注意，为了压制他们的发展壮大，一些有团练的地主抓了冯云山，联合桂平县官府将他投入大牢，理由便是结盟聚会。为了营救冯云山，洪秀全赶赴广州府。此时组织内已经没有其他领导者，杨秀清和萧朝贵趁机以"天父上帝"和"天兄耶稣"下凡稳定了教众，也初步奠定了太平天国起义的核心领导集团。

营救出冯云山以后，他们更加认清了当地地主阶级的真面目，于是决定揭竿而起，利用清廷在这里的薄弱统治，宣扬拜上帝教，很快发展了数千名教徒，加入他们的百姓逐渐从农民、矿工等手工业者逐渐过渡到了一些贫穷士绅阶层，他们一起组成了起义的群众组织。

咸丰元年（1851），在一切组织条件成熟后，洪秀全召集了所有教徒到金田村，将他们组织成一个个团营，形成了一定的军事组织，整编约一万余人，在此发动了起义，宣布自己为天王，并定号为太平天国。

起义初期，这支军队对上清军也丝毫不怵，击败了平南县前来平叛的清军，又斩杀了清军副将伊克坦布，士气顿时高涨起来。他们一路向东进发，途中吸收了许多天地会的有生力量。

清廷派李星沅为钦差大臣，前往广西主持军务，等他到广西时，才发现太平军与其他农民起义不一样，是一支有组织有纪律的军队。于是清廷便命广西提督向荣亲赴战场指挥作战，对太平军进行围攻。

前已有言，此时的清军大多是老弱病残，并没有什么战斗力，遇上士气高涨又有组织的农民军自然是节节败退。尽管向荣亲自坐镇，清军还是在平南被击溃。平南失守后，起义军一鼓作气拿下了永安州，并在此做短暂休整。这段时间，洪秀全颁布了天历，并封赏麾下各将军为王：杨秀清、萧朝贵、冯云山、韦昌辉和石达开分别受封东、西、南、北和翼王。封赏的同时，还命其他诸王都要听从东王杨秀清的节制安排，这也为此后太平天国内部矛盾埋下了隐患。

太平军在永安停留的半年内，清廷除了加紧调集军队开赴广西外，还在起义军内部买通间谍，想以此来分化瓦解太平军。但太平军正处于一个士气高涨、空前团结的时期，清廷的间谍根本无法渗透。

咸丰二年（1852）四月，清军到达永安后，太平军已经准备突围了。然而战斗力低下，组织混乱的清军哪怕有三万也无法抵抗。在这场突围战斗中，清军东部防线被打开，但在向荣和乌兰泰的紧追下，太平军损失了两千余人。随后太平军便在大峒设下埋伏，令清军损失巨大，他们得以继续北上，一直打到了广西首府桂林。向荣慌忙回防桂林，仓促间乌兰泰被太平军击毙在南郊将军桥上。

但桂林城高墙厚，太平军围困了一月有余始终未能攻下城池，为避免影响士气，洪秀全转头组织大军攻打全州，并迅速攻下了全州城。但在蓑衣渡遭到清军埋伏，冯云山受了炮击当场阵亡。

经此一役，太平军基本上确立了既定方向，完善了太平天国的基本制度，同时还扩充了群众基础，军队人员得到补充。但冯云山的牺牲也给太平军造成了很大的影响，太平天国高层领导人之间的平衡开始动摇。

定都南京：与清军的正面对峙

襄衣渡一战使得太平军受挫，迫使洪秀全改变战略，原计划从水路入湖南，现在只能选择走陆路，从湘江东岸登陆。到了八月，太平军连克湖南道州、郴州两座城池，借此机会，太平军首领先后发布了《奉天讨胡檄布四方谕》《奉天讨胡救世安民谕》，当地许多贫困的底层百姓投入到起义军的大营，他们中有许多矿工，为后期攻城立下了很大的功劳，同时又为军队补充了新鲜的血液。

起义军随即北上，并开始攻打长沙城。久攻不克的情况下，洪秀全和杨秀清旋即决定放弃长沙，转由益阳、岳州北上，做好了攻打武昌的准备。十二月底，大军攻克了岳州，缴获大量军火武器，同时收编了部分船员和纤夫，这些组成了太平军的第一支水军，对接下来攻打武昌发挥了相当重要的作用。

咸丰三年（1853）年初，太平军在攻下汉口、汉阳后围困武昌，并于一月份攻下武昌城。但起义军的重点显然不只是武昌，他们只在武昌做休整，其后便率大军直奔南京。此时的太平军集结大军，水陆并举，清军在老鼠峡设立的防线并没有阻拦住他们东进的脚步，沿途城池接连被攻克，当他们兵临南京城下时，接天蔽日的大旗使得城内的清军守军胆寒。

三月二十日，在攻下南京内、外城，斩杀了两江总督陆建瀛和江宁将军祥厚后，南京城便在太平军的掌控之中了。攻下南京后，洪秀全宣布定都南京，并改称为天京，与北京相对峙。定都后，洪秀全、杨秀清等人便不再自己带兵东征西讨，只命手下将军肃清南京城周围的一些重镇。

清军这边虽然从南京城败退，但也没有放弃抵抗，由向荣率领一部分清军，在南京城东的孝陵卫一带设置江南大营，另一部分则由琦善率领在扬州建立江北大营。

定都后，太平军各王之间的矛盾逐渐凸显出来。早在永安建制时，洪秀全将节制诸王的权力交给了东王杨秀清。杨秀清虽有才能，早年借"天父"下凡稳定过太平军的大局，但没有远见，随着在南京的逐渐安定，他骄横的一面也逐渐放大，除了对太平军将士随意打骂折辱，他也经常借"天父下凡"这样的伎俩训斥诸王，就连北王韦昌辉都受过他的杖责。

咸丰六年（1856）八月，太平军击溃了在孝陵卫的江南大营，向荣也被击毙。悬在南京城头的"利剑"被解除了，这让杨秀清大喜过望，他认为形势一片大好，便想扩大自己的个人影响，于是便再次借"天父"下凡之名逼迫洪秀全封他为"万岁"。这件事令洪秀全十分不舒服，他感受到了东王的威胁。彼时韦昌辉和石达开均不在南京，但收到洪秀全密令后，随即返回南京。

韦昌辉与杨秀清本就有私仇，洪秀全的授意让他可以明目张胆地实施报复。他先是于九月一日深夜包围东王府，杀掉了杨秀清及其家眷数千名。接着以搜捕东王党羽为由，在南京城内大肆屠杀异己，一些投降的东王部将也遭屠杀，南京城遭到前所未有的屠戮，大约两万人死于这场内斗。

随之而来的便是翼王石达开为躲避韦昌辉的追杀连夜躲到了安庆，但在南京的家眷却被屠戮殆尽。石达开也是有自己的军队，他调集了自己在安庆的部队驻扎宁国，要求洪秀全惩处韦昌辉，南京城内的太平军也大多支持石达开。被逼急了的韦昌辉又率亲信攻打天王府，洪秀全这才接受"民意"，下令杀掉韦昌辉及其亲信。

虽然"借刀杀人"处理了杨秀清，但石达开的威信让洪秀全也很是忌惮，他开始封自己的兄弟以达到牵制石达开的目的。石达开被孤立后，无奈出走安庆。太平天国初期设立的军师执政制度已被架空，实权最后落到了洪秀全手中，但洪秀全并没有建立一个职能分明的执政集团，管理混乱。以这次变乱为分水岭，太平天国起义逐步分裂，走向灭亡之路。

太平天国的覆亡

经过天京事变后，太平天国前期的诸王只剩下洪秀全一人，他显然不能独自力挽狂澜。咸丰六年（1856），清廷重组江南大营和江北大营，太平军开始节节败退，次年镇江失陷，南京再次被围。到咸丰八年（1858），江西部分太平军驻扎的地方也被清军收复。

面对这种局面，洪秀全开始在后起之秀中提拔将领，陈玉成、李秀成等人成为独当一面的主将。而他们也不负众望，从清军的包围圈中撕开一条口子，占领浦口，击溃江北大营，南京也暂时解除了危机。与此同时，李秀成率领大军也抵挡住了清军偷袭庐州三河镇的攻势，并歼灭清军主力湘军大部分营垒，逼得湘军将领李续宾自杀。

咸丰九年（1859），太平军稳固了江、浙一带后，洪仁玕从香港归来，给洪秀全带来了一套资本主义制度，从建立学馆、医院到与资本主义国家自由通商这些，无论是太平天国将领还是洪秀全本人，都不能理解，虽然表示赞同，但也没有实施的意愿，更何况南京城还处于江南大营的包围中。

咸丰十一年（1861），就在太平军计划合围武汉时，英国方面汉口租界参赞巴夏礼到黄州面见陈玉成，提出为保护汉口的商业贸易，太平军不得进攻该地区。就在陈玉成犹豫之际，安庆大营告急，他又等不到李秀成的大军一起合围，于是只得退回南京回援安庆。反观李秀成，他驻扎在兴国时，英国领事金执尔前来阻挠他北上合围，还威胁他如果不听则会派英军前来助阵等等。加上当时陈玉成也返回安庆，李秀成便退回了江西。

如此一来，太平军以攻为守，拿下武汉保南京的策略便以失败告终。而清廷依靠曾国藩的团练湘军已经逐步收复了被太平军占领的江西、安徽等地，太平军此刻只剩下安庆一座屏障，于是曾国藩便集中湘军主力进攻安庆。

在安庆外围的陈玉成积极组织多次进攻，均未能打开突破口，到九月五日，安庆失守，太平天国在长江上游的重镇全部失陷，南京已暴露在了清军的狙击范围内。此时李秀成刚在苏州一带打开局面，控制了浙江中部地区。虽然能牵制部分清军，但无法挽回南京即将失守的局面。

再看太平天国统治集团内部，洪秀全沉迷于个人独揽大权，无法调和李秀成等人之间的矛盾。他本人也完全被自己创立的宗教迷信"洗脑"，对军政事务根本无法做出判断。而其他所谓文官武将也没有前期统一的组织思想，只顾自己贪腐，各自占据一块地盘。

以至于同治元年（1862），曾国藩攻破南京城时，只有李秀成和李世贤等人率军守城。尽管这时太平军已装备了一定数量的洋枪洋炮，仍不敌湘军，未能攻破湘军壁垒。双方在雨花台对峙了一月有余，李秀成最终选择撤退。他的撤军遭到洪秀全的斥责，随即命他北上，进攻江北的清军，以图解南京之围。但此时的太平军一方面得不到补给，另一方面士兵疲敝，非但没有解围，还损失了数十万兵力。

此时清军除了由地方团练的湘军组成，还有英、法联军组成的"洋枪队"，他们装备先进的武器，从上海出发，一步步拔掉了太平军在南京周围的军事据点，直打到南京内城。李秀成见南京守城无望，便劝洪秀全撤退中原，以图再战。结果洪秀全却放弃了抵抗，寄希望于所谓"天兵天将"，拒绝从南京撤退。

就这样，洪秀全抱着他最后的一点希望病逝于天王府，其幼子即位，更加无力掌控太平军的全局。六月十六日，清军攻陷南京，洪仁玕、李秀成等相继被俘，轰轰烈烈的太平天国运动就此衰落下去。

第二次鸦片战争的爆发

就在清军忙于剿灭太平天国运动的关键时刻，英国和法国组成联军，再次大举入侵，发动战争。众所周知，第一次鸦片战争是为了商业利益而打，那么这次战争的根源仍然是攫取利益，可以看作是鸦片战争的延续。

就在《南京条约》等第一批条约签订满十二年后，英国等欧美国家认为只开放部分口岸仍不满足他们的野心，借届满提出修约要求，提出包括开放中国所有城市作为通商口岸，并将鸦片贸易合法化等条件。但清廷当时忙于对抗太平天国运动，无力顾及这些国家，对他们提出的要求统统拒绝。这下惹恼了这些"洋大人"们，他们认为清朝政府还需要一场战争教训。

于是英国和法国两个国家分别找了一个借口，结成联军。于咸丰七年（1857）进犯广州，在占领了广州城后，按照第一次鸦片战争的"套路"，进逼天津大沽口，以此威胁清廷就犯。并将谈判条款列好，交给清廷，要求他们指派专人前来谈判。咸丰帝慌忙派大学士桂良前去谈判，俄国、美国派出所谓的调停人，率先与之签订了《天津条约》，将沿海地区通商、领事裁判权等一系列特权收入囊中。

六月底又与英、法两国签订了《天津条约》，除了增加淡水、烟台等十个沿海城市作为通商口岸，两国还攫取了内地游历、修改税则等一系列权利。并将军费也算在了这次赔偿的范围内，清廷要对英、法两国合计赔偿白银共六百万两。

获得这些特权后，两国还觉不够，又提出换约的要求。清廷方面，咸丰帝对允许洋人进入内地和赔偿军费等方面也颇有微词，答应换约。但双方就换约地点发生了分歧，英、法联军要求在北京，咸丰帝却命令桂良不要安排在北京。

于是咸丰九年（1859）六月，英法联军拒绝了桂良安排在上海的换约，组织兵力北上，企图再次由天津大沽口入京。但经过第一次的大沽口之战，清廷已经在此设下兵防，同时命直隶总督恒福前去照会两国公使，让他们通过北塘再到北京换约，并规定了随行人员的人数，禁止携带武器。两国公使显然不愿意听从安排，并表示不惜动用武力。

当英法联军开到大沽口时，这里的防务已经交给僧格林沁负责了。僧格林沁是晚清时期的名将，被称为"国之柱石"。在他的指挥下，在大沽口布防的清军团结一致，英法联军多艘军舰被击沉，而登台的英军士兵伤亡近半，联军仓皇撤退。但这一战也给了总指挥僧格林沁以英法联军不擅长陆战的错觉，专一防守大沽口而忽视了对北塘的军事部署。

这一疏忽导致其后英法联军迅速占据北塘，随后塘沽陷落。整个天津岌岌可危，而僧格林沁的蒙古铁骑此刻也难以抵挡英法联军的猛烈炮火，在咸丰帝的谕旨下，防守南岸炮台的僧格林沁全军撤退。英法联军占领天津。

第二批不平等条约的签订

僧格林沁率领的大军从天津撤军后，英法联军便沿着白河北上一直打到了张家湾，尽管当地驻军勇敢抵抗，但还是没能阻挡住英法联军的脚步。仅仅用了五天时间，英法联军便打到了北京城外的八里桥，初期清军还能勇往直前，但随后僧格林沁的撤军动摇了军心，守军一看，连僧王的军队都打不过，自己抵抗也是徒劳，于是便跟着往后撤。

如此一来，在紫禁城里的咸丰帝看到这一撤千里的溃退大军，心下慌乱，第一时间选择了跑路，带着自己的后妃和一批朝中重臣跑到了热河。紫禁城里只剩下肩负谈判大任的恭亲王奕訢。

英法联军在进入北京城后并没有直接杀向紫禁城，反而是绕行到了城郊的皇家园林圆明园。当时的圆明园只有部分太监和宫女在，他们还是做了英勇的抵抗，但毕竟赤手空拳难敌洋枪火炮，圆明园最终还是陷落。管园大臣文丰投园内的福海而死，反抗的太监也殉职了。

这时，进入圆明园内的英法联军，上到军官下到士兵全被这满园的珍宝所震撼。他们中反应过来的先是把小件物品装进随身携带的包袱里，这些珍宝有皇后凤冠上装饰的珠宝，各种玉器、水晶等等，还有他们心心念念的东方珍贵丝绸。但后来珍宝太多，有的大件拿不了的他们就直接砸碎，就连先前珍惜的丝绸也被拿来包裹他们随手掠夺来的古玩珍品。为了得到家具上镶嵌的宝石，他们甚至用斧头和火枪破坏这些家具。

他们在圆明园中抢劫破坏了整整半个月有余，英国指挥官詹姆斯的一声令下，这些士兵便分批到各个宫殿开始点火，将这栋富丽堂皇、储藏着历代皇家珍藏典籍和古玩的园林焚毁殆尽。圆明园的许多宫殿皆是由松木建造，易燃程度更甚。当时还有部分在宫内的太监、宫女和工匠在，没有来得及撤出，便被一起烧死了。大火蔓延的速度很快，除了圆明园的宫殿，就连万寿山、香山和玉泉山的园林也遭到了不同程度的焚毁。

等到大火熄灭的时候，偌大的皇家园林圆明园只剩下几十座亭台和殿门幸存。而这场劫掠和纵火主谋此刻正坐在紫禁城的大殿上，与奕䜣签订丧权辱国的《北京条约》。

此刻，在北京城里的恭亲王奕䜣看着圆明园的大火瑟瑟发抖。这场大火仿佛是英法联军给清朝的一个"下马威"，英国指挥官还说要炮轰北京城，像烧毁圆明园那样烧毁紫禁城。

于是奕䜣"病急乱投医"，找到俄国公使伊格纳季耶夫请求调停。结果先被公使"敲诈"，要奕䜣先答应解决中俄边境问题，并给出自己的意见："必须立刻同意联军的一切要求。"

中俄边境问题由来已久，康熙年间签订的《尼布楚条约》没有明确乌第河的界限，于是俄方趁此机会，将战舰开至瑷珲，向黑龙江将军奕山提出要求，以黑龙江为界限划分东北地区的领土，要把黑龙江以北的中国领土划走，否则便诉诸武力。虽然奕山当时被迫签订了划定界限的《瑷珲条约》，但清廷并没有承认，还将奕山等革职处分。

眼下清廷还要仰仗俄国从中斡旋，奕䜣不得不先同意了俄国关于边境问题的一切条约，同时与英、法、俄三国签订了《北京条约》。与英、法的《北京条约》除了承认《天津条约》完全有效外，还要增开天津为商埠，将输出华工合法化，美其名曰"招募"。也就是在这份条约里，九龙司被割让给了英国，划归香港界内。同时还要赔偿英、法两国军费各八百万两，额外还要分别支付五十万两和二十万两的抚恤金。而与俄国的《北京条约》不仅承认了《瑷珲条约》中割让领土的条约，还取得了在库伦、张家口、喀什噶尔的贸易免税权和领事裁判权等特权。

随后又与俄国签订了一系列割让领土的条约，诸如《勘分东界约记》《勘分西北界约记》，陆续从我国划走了大约一百四十四万平方公里的土地。俄国成为了第二次鸦片战争最大的受益者。

咸丰帝：最后一位亲政的皇帝

咸丰帝名奕詝，是道光帝的第四个儿子，他的继位可以说颇为戏剧性，一切还要从道光帝的"选择困难症"说起。道光帝虽然有九个皇子，但大多出生较晚，至道光帝晚年的时候，除了过继给绵恺为后的皇五子，他成年的皇子里就只剩下皇四子奕詝和皇六子奕䜣比较优秀。

奕詝为长，素有仁孝之名，而奕䜣则自小天资聪颖，能文能武，道光帝一时很难在他们二人之间做出抉择。关于道光帝如何考验这哥俩，还有一个小故事。说是在某次春天围猎，道光帝带他们去南苑，并给他们出了一个考题，在一定的时间内纵马打猎，比最后的围猎成果，看谁马上的猎物多，谁就获胜。

这可难坏了奕詝，他本身喜欢安静地看书，射猎并不是他的长项。他的老师杜受田给他出了个主意："如果皇帝问起来你为何没有猎物，你就说春天正是雌性孕育的时候，儿臣看着母鹿带着小鹿，于心不忍。"事后，奕詝果然将这套说辞复述给了道光帝。道光帝一听大为感动，认为奕詝宅心仁厚，又有君子虚怀若谷的胸襟，正是皇帝的合适人选。奕詝的名字就这样写在了道光帝秘密建储的诏书上，藏在了牌匾后面。

他继位后，首先面临的便是已在全国形成一定声势的太平天国运动。当时咸丰帝正锐意改革，将军机处的一些主和派大臣全部清除出去，任用了大批汉族官员。针对八旗子弟腐朽堕落的情况，咸丰帝选择信任汉族地主自主训练的团练，其中一个就是曾国藩、李鸿章、左宗棠等人创立的湘军。同时也是因为镇压太平天国运动，清廷国库告急，揭开了当时官商勾结、贪污受贿等腐败之风横行的一面。为解决这一财政问题，咸丰帝任用肃顺为户部尚书。肃顺上任后，立即从清廷开设的官号入手，顺藤摸瓜，揪出了背后受贿官员从户部司员到满洲贵族几百人，一定程度上打压了官场贪污横行的风气。

作为晚清末代的帝王，咸丰帝延续了道光帝的勤政，且比道光帝会识人、用人，晚清时期一批"国之栋梁"，如曾国藩、李鸿章、左宗棠都是他在位时提拔上来的。虽然在一定程度上清除了官场的部分腐败问题，但清廷此时已经积重难返，没有"猛药"怕是无法恢复。更何况内有太平军的起义，外有欧美国家的侵略者，尽管他再锐意进取、革新，依然跟不上时代的大潮。就在咸丰十一年（1861）八月，委托恭亲王奕䜣签订完一系列条约后，他便在热河行宫病重，不治身亡了。此时他的儿子载淳年仅六岁，只能硬接过清朝这千疮百孔的江山，继续扛起来。为给年幼的儿子过渡，他特意将几乎已经成为"闲职"的议政王大臣会议捡起来，任命怡亲王载垣、郑亲王端华、户部尚书肃顺等人为赞襄政务王大臣，在小皇帝成年前替他打理朝政。同时又赐给皇后钮祜禄氏和懿贵妃叶赫那拉氏两枚印章，以后顾命大臣所拟定的谕旨上需要同时加盖两位太后的印信方可生效。

咸丰帝自认为替儿子计划得很长远，但是他漏算了一个人的野心，这个人就是后来徽号为"慈禧"的懿贵妃。

慈禧太后与辛酉政变

慈禧太后是咸丰帝的懿贵妃叶赫那拉氏，也是新皇帝载淳的生母，咸丰皇帝死后她与皇后钮祜禄氏一起被尊为太后。载淳继位后，同时尊两宫皇太后钮祜禄氏上尊号为"慈安"，而叶赫那拉氏则得徽号为"慈禧"。

咸丰皇帝早年忙于政事，且身体不是很好，所以直到咸丰五年（1855）丽嫔诞下一位公主，咸丰的后宫子嗣才开始充裕起来。这其中就包括咸丰六年（1856）生下长子载淳的懿贵妃叶赫那拉氏，咸丰帝颇为惊喜，因此对懿贵妃母子特别优待，本是镶蓝旗的叶赫那拉氏也因此被抬进镶黄旗。

连年的战乱和混乱的朝政拖垮了咸丰帝的身体，他于咸丰十一年（1861）在热河躲避战乱时病入膏肓，很快撒手人寰，留下了即将倾颓的江山给年仅六岁的幼子，并做好了辅政的措施。然而，本来做好的两宫皇太后和八位顾命大臣相互制约的链接被一位女性的野心所打破，这个人就是慈禧太后。

慈禧太后不愿意皇权旁落，她也不愿意与顾命大臣一起议政，她要的就是大权独揽。从咸丰帝死后，她便开始了自己的谋划。第一步便是要扳倒这八名议政王大臣，她拉上了一同能制约朝政的慈安太后，而后便是在朝中找了一个有谏言权的御史——董元醇，由他请奏两宫皇太后垂帘听政，甚至还提出为保江山可以修改祖制和大行皇帝遗诏。

顾命八大臣主要以肃顺为首，他看到这封奏折后气了个半死，随后便以小皇帝的口气拟定了一封斥责该上奏官员的谕旨，口气严厉，大有处罚之意。但尴尬的是，这道谕旨需要盖上两宫皇太后的印信，慈禧太后必然不会盖。并且，为了给顾命八大臣施加压力，慈禧太后把顾命大臣们找来，据理力争，结果不相上下，小皇帝当场被吓哭，这场争辩就这样不了了之，但这份申斥董元醇的谕旨也因为顾命大臣们的坚持而被迫下发。

在慈禧看来，她要拿到实权，必须要靠其他手段了。十月时，趁载垣、端华等人向两宫太后提出协调他们所管理的政务时，解除了八大臣的兵权。而单靠两位太后，没有实权，显然无法与八大臣抗衡，于是便想到拉拢恭亲王奕䜣。

奕䜣是道光帝的第六个儿子，曾经有机会竞选皇位，怎奈道光帝嫌他没有仁厚之心，把他排除在外。而咸丰帝的托孤又没有他的事，这让他对顾命大臣们心存不满，同时也有把握实权的野心。于是两个有野心的人联合，策划了一场政变。

十一月初，两宫皇太后带着小皇帝先行回京，而后将鸦片战争以后议和的损失以及这次北京城被入侵的过失都推到了载垣、肃顺等人的头上。在他们刚到北京城时便逮捕之，赐载垣、端华在宗人府自尽，肃顺则被斩杀于菜市口。据说肃顺被押赴刑场时拒不下跪，且不停辱骂慈禧太后，被刽子手打断了腿骨才受刑的。

随后又发出上谕，将恭亲王奕䜣提拔为议政王，并命他在军机处行走。在将顾命八大臣赶出军机处后，慈禧太后又把桂良、户部尚书沈兆霖等人提拔到军机处行走。在奕䜣的授意暗示下，以文祥为首的其他军机大臣便上奏请求两宫皇太后垂帘听政。

随着顾命八大臣被清理出政局，当初他们议定的年号"祺祥"也被清理了出去，慈禧太后同奕䜣等人将新年号定为"同治"，其背后深意不言而喻。也是从这一刻起，慈禧太后大权独揽的时代序幕被揭开了。

夹缝中的洋务运动

　　同治帝登基的时候年龄尚小，所以政务基本是由慈禧太后连同奕䜣等人打理。除了桂良等一批被提拔到军机处行走的大学士，还有一批因镇压太平天国起义而被提拔的汉族官僚，以李鸿章、左宗棠、曾国藩等人为代表。

　　在第二次鸦片战争后，他们看到了欧美国家先进的枪炮和军舰，也对当时的中国在这些国家的蹂躏下失去对领土话语权的艰辛深有体会。战后，欧美国家的工厂在中国各开放的通商口岸遍地开花也给了这些当权者以冲击，他们也急于建立自己的工厂，使中国在军事方面能尽快强大起来，以彻底消除内忧外患。

　　就国内局势来说，清廷割让了大量好处给西方侵略者，他们还处于"消化"的阶段，而太平天国运动也被镇压了下去，维持了一种巧妙和短暂的平衡。就刚握住权柄的慈禧太后来说，她也需要包括奕䜣在内的这批官员的支持，以稳定统治，对他们的改革也是支持的态度。在这种条件下，这些主张实施新政的官员抓住机会，开始改革。

　　咸丰十一年（1861），奕䜣联合大学士桂良等人上奏《通筹夷务全局酌拟章程六条》，提出"师夷长技以制夷"，推行以建工厂、建海军等一系列新式改革。由于时人对一切西来的物品会冠之以"洋"的称号，所以这批推行新政的官员被叫作"洋务派"，他们推行的改革也被叫作"洋务运动"。

　　虽然这六条章程被通过了，但洋务派实施新政所要面临的还是重重阻力。首先便是来自朝堂内部的压力，军机处还有一部分"顽固派"，以倭仁为代表。他们抱定程朱理学和祖宗家法，认为不管实施何种改革都不能脱离华夏之道，哪怕只是使用西方的武器装备，对洋务派设立的同文馆更是嗤之以鼻。两派之间的矛盾公开化也是由同文馆的制度来的，这些都是后话。

洋务派先是以"求强"为口号创办了一批军事工业。以曾国藩创立的安庆内军械所为开端，到同治四年（1865）曾国藩、李鸿章创设江南制造总局为第一阶段，这一时期适逢与太平天国的农民军决战的关键时刻，主要负责人无暇顾及，这批军械所无论是在技术还是在设备方面，都比较落后，有的甚至没有大型制造机械，全靠手工组装，制造出来的火炮等大多是残次品。但这也足以给洋务派以教训和经验了。

到江南制造总局成立后，李鸿章从国外进口了大量的先进设备，以西方近代化的工业生产方式为蓝本，开始了近代化机械生产的进程。江南制造总局是合并了一个能制造轮船和枪炮的美国铁厂和两所制造大炮的炮局成立的，所以它主要生产枪支弹药，先是能制造出黎意枪，到最后开始改造新式快枪。炮弹的制造范围较广，从旧式山炮到口径不一的新式大炮，从枪弹、火药到各种地雷、水雷皆可生产。后来还继续造船工业，先后制造大小轮船大概十几艘，到后期停止造船工业后，改修船舰。

与江南制造总局类似的还有金陵制造总局、左宗棠建立的福州船政局、崇厚的天津机器局以及张之洞的湖北枪炮厂等。这些军事工业的经费大多来源于军饷或者海关经费，有些是由国库亲自拨款，所生产的军火大多供给各省军队，并不出口或者在民间流通。而各制造局还要受到朝廷的管束，官场贪污腐败的风气也对这些制造局产生了一定影响。

除了这些官僚气息浓厚的军工厂，洋务运动还创立了三批新式海军：福建水师、北洋水师和南洋水师。这三支海军初步构成了清朝海军的雏形，其中北洋水师划归李鸿章管辖，是海军的主力。受其管辖的巡洋舰无论在排水量还是在经费上都高于福建水师和南洋水师，主力舰队均是向德国购买。为了管理新式海军，清廷还成立了专门的海军衙门，由奕譞担任总理，奕劻、李鸿章等负责实际督办事务。

　　随着这批军工企业的建立，近代中国的资本主义也缓慢发展起来了，并促进了一批近代民用企业的诞生，催生了近代思想文化的萌芽。

近代民企的诞生和新思想的萌芽

同治九年（1870）开始，清廷的国库很难再负担这批军事工业的开支，洋务派面临着巨大的财政困难。为了解决这一问题，洋务派又提出了"求富"的口号，号召部分企业可以改由民间投资经营，但仍需要政府来监督。近代中国第一批民用企业便在这种官督商办的氛围下诞生了。

轮船招商局是第一个向商人募资的企业，是由朱其昂带头主持的，后期改由唐廷枢经营招商局。改组后的招商局不再一手由官僚把握，改由股东推荐的商和商总主持日常经营。这就是商业化的第一步，但这一步走得并不顺利，后期被外国轮船公司的降价操作排挤，导致本来开始慢慢盈利的招商局逐渐亏损，最后不得不靠国库的拨款才得以维持。

后期还有李鸿章主持的开平矿务局、电报总局、上海机器织布局以及左宗棠主持的兰州织呢局。这些所谓的民营企业早期得到部分官府投资，取得了不错的经营效果，有的甚至都开始有盈余。但因为有官督的成分，一些洋务派的官员还会从中捞取不少好处，有的甚至形成垄断。比如电报总局在拍发电报时会优先拍送军务、洋务的电报，相关费用也因是官府出资而被扣掉，而官府几乎不会去电报局主动结算并缴纳这部分费用。这就给民营企业带来巨大的营业困难，它们也不能参与到市场经济中去。

虽然由洋务派主持的官督商办民用企业在效益上并没有取得突破，却鼓励了当时社会上部分买办、商人及地主投资一些民办企业。比如同治八年（1869），铁匠作坊主方举赞开办的发昌机器厂，最初是为了引进车床，后来它的业务逐步拓展到为船厂生产配件。发展到光绪年间，这家机器厂已发展成为上海机器工业企业中规模最大的一家。广东沿海地区也有一些商人开设缫丝厂，到光绪末年这一地区的缫丝厂数量已达到三十五家之多，其质量也不逊色于国外所产出的丝织品，甚至有远销国外的情况。还有其他生产日用品的中小企业，比如轧花厂、火柴厂等，这些组成了当时中国的第一批民族资本主义企业。

而在这场洋务运动中不断开办的新式学堂和创立的报刊也是一个重大突破，最初是为了介绍近代西方的科学文化知识。比如在开办了一系列军工企业的同时，创立了福州船政学堂、北洋水师学堂以及天津电报学堂，为了翻译国外著作，还设立了京师同文馆。这些学堂均采用新式教育方法，按照年龄分设年级和班级授课，培养了一批懂新式技术的人才。而在民国时期闻名遐迩的《申报》和《万国公报》也是在这一时期创办的，翻译事业也在这一时期达到了顶峰，只京师同文馆便翻译了西方论著三十五册，包括了许多法律、经济方面的论著，打开了当时官僚士绅新世界的大门。

为了学习西方先进的科学技术，洋务运动期间，清廷先后派出了两批"留学生"：第一批是选了一百余名幼童赴美学习科学知识和相关技术，学习时间长达十五年之久；第二批则是从福州船政学堂里选拔出四批学生前去欧洲学习造船技术和一些其他的技术。

但随着光绪二十年（1894）黄海海域一声炮响，洋务派主导的洋务运动宣告结束，近代中国刚有发展的资本主义经济尚未走上正轨便跟着戛然而止了。

中法战争：列强环伺的开端

法国政府和清廷的梁子早在同治十二年（1873）就结下了，那一年，法国再次侵犯越南河内地区，越南方面无力抵抗，便请求刘永福的援助。刘永福率领的黑旗军是活跃在边境线的一支有生力量，他的加入打得法国军队落荒而逃。但这也给了法国入侵的借口和理由，他们正想借道越南，以打通中国西南地区的贸易路线，进一步入侵内地市场。

是战是和，清廷内部也产生了分歧。以李鸿章和奕䜣为主的主和派极力避战，一面寻求所谓调停，一面又向法国政府妥协。以左宗棠等人为主的湘军首领则认为不能再次避让，以免法国在清朝境内肆意妄为。而战争也就在朝堂的一片争吵声中，悄无声息地打响了。

在李鸿藻的举荐下，唐炯和徐延旭被任命为前线将领，前往山西战场与法军作战。但两人指挥不力，山西战场一路溃退，北宁和太原相继失守。慈禧太后趁机将与自己对立的"清流派"赶出了朝堂，同时罢免了与自己政见不合的恭亲王奕䜣。在裁撤前线战将和巡抚的同时，把军机处的大权交给了奕䜣，又命奕劻主持总理衙门的事务。

奕䜣上任后全部推翻了奕䜣的施政方针，授权李鸿章全权处理对法关系，实际上就是同法国和谈。最终与法国政府签订了《中法简明条约》，规定清廷不再过问越南与法国之间的"邦交"，清军自两国边境处撤军。

就在撤军之际，边境地区发生了一起枪击事件。原来是法国军队在清军撤退期限未到时，便开赴越南北部，要接管该地区，并炮轰清军阵地，一名谈判代表丧命。清军不得不还击，打退了法军的进攻。但这次冲突也给了法方扩大侵略的借口，并向清廷勒索大笔军费。

就在清廷准备再次寻求和谈时，法国在东南沿海地区却开始了军事行动。驻守福建的水师受到了法军前所未有的挑衅——法军海军将领孤拔要求法方的八艘战舰停驻马尾港。奕譞等人生怕和谈再次破裂，命令福建水师不得轻举妄动。而海峡对岸的基隆港也遭到了法军的入侵，负责台湾事务的刘铭传则进行了抵抗，结果将企图登陆的法军重新赶回了军舰。

面对基隆的失败，法军方面无比愤怒，孤拔随即给福建水师提督何如璋和张佩纶下了通牒，命令他们于当日下午撤出马尾港。谁知这两位提督早已接到李鸿章的电报，命令他们不要与法军正面开战。面对法军的挑衅，他也没有做备战，福建水师依旧凌乱地在江中抛锚。直到中午法军已经准备进攻，这两位提督才慌忙应战，更为可笑的是，他们还派人到法军军舰上提出改变作战时间，结果就是福建水师在这场单方面殴打的海战中全军覆没。孤拔随即率领军舰开赴台湾，进攻基隆和淡水。

就在海上战争如火如荼地进行的时候，西南边境的法军也在向西南地区挺进。由于广西巡抚潘鼎新的不战而退，导致法军只用了十天便开到了镇南关下。老将冯子材临危受命，开赴镇南关进行军事部署，在关外修了一条长墙，并在墙外深挖壕沟以阻拦法军进攻的脚步。在冯子材的身先士卒下，清军士兵英勇拼杀，打得法军措手不及，到最后只能缴械投降。

镇南关大捷带来的不是胜利，清廷仍然在与法方和谈，且到了关键时刻，胜利给他们带来的结果就是乘胜求和，《巴黎停战协定》就是在这种条件下诞生的。随后又在天津签订了《中法新约》，法国自这个条约中攫取了清朝的修铁路权，同时开通了西南边境地区的通商权。

甲午中日战争的开端

就在清朝被欧美国家折磨得奄奄一息，即将被瓜分殆尽的时候，邻国日本崛起了。同当时的中国一样，日本处于封建领主制的德川幕府统治下，施行闭关锁国的政策。但当发展的机遇降临时，日本抓住了，他们的商人阶级和农民一起推翻了幕府的统治，开启了明治维新的新时代。进入资本主义社会后，日本国内市场有限，这就必然要求他们开拓海外市场，中国就成了他们的目标。

再看清朝这边，同治十三年（1874），同治帝去世，这个年仅十九岁的少年皇帝没有来得及留下子嗣便撒手人寰了。皇位继承成了大问题，按照传统"父死子继"的理念，同治帝的继承者应从"溥"字辈来找，但慈禧太后为了能继续垂帘听政，在惇亲王奕誴以亲疏问题否决了军机大臣提名的溥伦、溥侃的当口把所有"溥"字辈的都否决了。

如此一来就剩下"载"字辈的人选了，这个提名无疑落到了奕譞家，他的嫡福晋是慈禧太后的亲妹妹，而他刚满四岁的儿子载湉，也就是慈禧太后的亲外甥兼亲侄子成了新君的不二人选。慈禧太后得以再次垂帘听政，改年号为光绪。

光绪帝的前十三年都在学习儒家传统经典和练习骑射中度过，国家发生的一切大事似乎都与他无关。但从他的努力程度来看，他无疑是想做个好皇帝，能带清朝走出当前困境的那种。这与慈禧太后把持朝政，试图把他变成一个傀儡正相矛盾。尽管已经在光绪十五年（1889）亲政，慈禧太后已经搬到颐和园，光绪帝每天下朝后还是要到颐和园去请安，再将朝中大事讲给慈禧太后，请示如何做决定。于是围绕着光绪帝产生了一派势力，名曰"帝党"，企图将皇权从慈禧太后手中夺回。清朝统治集团内部无疑产生了分歧，这与团结一致准备发动战争的日本对比鲜明。

事情还要从光绪二十年（1894）的朝鲜东学党起义说起。彼时朝鲜还奉清朝为宗主国，必然是请求清廷派兵协助。而日本方面虽然对清廷出兵一事表示理解，接到直隶提督叶志超的通知还表示日本方面必定不会有其他动作。

但这个保证显然是个"空头支票"，日本方面随后以保护侨民为由，在朝鲜成立了战时大本营，驻扎军队一万余人，一边占据在朝鲜地区的清军看出了日本的野心，李鸿章随即与日本公使谈判，提出两国应同时从朝鲜撤军。日本方面本着与清军开战的打算，不依不饶，提出由两国政府监督朝鲜"改革"的要求，企图把朝鲜变为自己的殖民地。

光绪帝极力主张对日开战，他有如此底气，一方面是因为有十几年来的洋务运动发展出的军工企业，另一方面光绪帝也希望借助一场胜仗巩固自己的皇位，能与慈禧太后一争高下。但以李鸿章为首的主和派还是不敢轻易言战，寄希望于他国调停，李鸿章是心疼自己宝贝的北洋水师，而慈禧太后则是想过一个太平的六十大寿。中日之间的战争就是在这种朝堂拉扯中爆发了。

清朝水师的初次迎战

日本在发动对清战争之前已经先同俄国、法国、英国等欧美国家打过招呼，声称并不是要侵犯他们的既得利益，反而是极其尊重他们的，英国甚至和日本都已经签订了条约，取消了在日本划定的租界和领事裁判权，甚至还提高了进出口货物的关税。这些都足以可见西方国家对日本入侵的态度，他们希望借由这次战争能从中国再捞取一些好处。所以李鸿章的请求自然处处面壁。

调停无望，李鸿章等人只能硬着头皮与日军开战。八月，战争先从陆上蔓延开来。日军兵分四路开赴平壤，朝鲜军队被迫绑在日军的战车上。但有些朝鲜官员还是忠于清朝，通过各种机会给清军传递日军作战情报，然而这些情报并没有很好地得到应用。在玄武门战场上，清军将领左宝贵身先士卒，英勇指挥，但完全不敌日军的精兵劲旅，左宝贵及其手下指挥官先后阵亡，玄武门陷落。但此时日军并没有完全打进城内，遭到城内清军的顽强抵抗，但前线指挥官叶志超懦弱无能，看到日军在城门附近便树白旗投降，导致清军贻误战机，日军顺利拿下了平壤。

从平壤撤退的途中，又中了日军的埋伏，叶志超根本无力指挥全局，导致清军全线崩溃，适逢大雨，在慌乱中被打死的清军有两千余人，日军俘虏的都有六百多人。在朝鲜境内的战争就这样以清军狼狈撤退五百里，日军占据朝鲜全境告终。

早在平壤战争的时候，清廷为了顺利向朝鲜输送兵源，雇用了一艘英国商船"高升"号。这个情报被日军截获，派出联合舰队截击这艘商船，而派出护送的三艘军舰行进到丰岛附近时遭到日本海军的突袭，导致运兵的商船处在了战争的漩涡中心，尽管舰队英勇抵抗，但没有其他军舰救援，三艘军舰中了炮弹，"高升"号也被击沉。这场海战也成为了黄海海战的导火索，彻底拉开了甲午中日战争的大幕。

令人寒心的是，丰岛海战的失败并没有给以李鸿章为首的主和派敲响抵抗的警钟，反而认为丰岛海战击沉的是英国的商船，英国方面会出面干涉日军侵略的脚步。但英国方面却因日本的赔款谢罪宣布中立，各国也纷纷中立。与此同时，清廷内部以"帝党"为首的主战派开始谴责李鸿章的求和行为，光绪帝于八月一日迅速发布了对日宣战的谕旨。

虽然宣战了，但清朝的水师并没有做好与日军抢夺黄海和渤海制海权的准备，加上李鸿章心疼北洋水师，不准其出港作战，只允许他们护送援军至朝鲜战场。就在北洋水师运送军队至大东沟准备返航旅顺港时，遭遇了日军的突袭。

北洋水师提督丁汝昌沉着应战，指挥定远号、镇远号为中心，摆开阵仗以随时应战，但因为日军军舰的排水量和吨位都小于北洋水师，他们选择不与北洋水师正面交锋，反而绕过了大排水量的定远号和镇远号，进攻旁边的小型军舰，将定远号、致远号与济远号隔离出了军阵。

随后这三艘军舰面临的便是猛烈而密集的炮火，丁汝昌不幸受伤，后期的指挥权交给了定远号管带刘步蟾。在刘步蟾的指挥下，日军有四艘军舰受到重创，其中赤诚号的舰长被击毙。就在这时，致远号管带邓世昌发现日军军舰吉野号正往定远号赶来，于是邓世昌毅然指挥致远号冲到定远号前面，直接迎击吉野号，但不幸中了鱼雷，全舰官兵丧生了大半，只有几个人被救上来。

至此，北洋水师损失了致远号等五艘军舰，日军也有五艘军舰被重创，死伤官军超过五百人。军舰的损失令李鸿章大为痛心，便命令北洋水师在威海卫港里不准出战，更不准迎战，日军趁机获得了黄海的制海权。

清朝水师的全军覆没

黄海海战失败后，清军转而退守到鸭绿江一带防线，日军则从朝鲜义州渡过鸭绿江朝着中国本土而来，大战一触即发。

此时驻防鸭绿江防线的是清军提督宋庆和依克唐阿，但由于前期海战失利，两位驻防主将是临时被调来守江防的，所以并没有备战的积极性。反观日军方面，他们兵分两路，一路大军渡过鸭绿江后直逼辽宁，与布防的清军正面作战，以牵制其主力，另一路大军则从辽东半岛登陆，攻击清军后方。

正面作战的清军防守散漫，根本没发现日军已经从虎山架桥，分三路大军从正面、东面、西面三个方向包围了虎山的守军。等到宋庆发现日军后才慌忙改变部署，命马金叙驻防虎山外围，聂士成率领部分精兵驻扎虎山周围，刘盛休则在瑷河西岸埋伏，防止日军故技重施，偷渡而来。自己则率领马玉昆一部居中，随时做好增援的准备。

等到日军渡江完毕，便与清军开始了激烈的阵地战。部署在虎山外围的马金叙守军只有五百余名，依然顽强应战，先后三次打退了日军的进攻。而驻扎虎山的聂士成却被从侧翼渡江的日军从东面偷袭，日军占据居高临下的优势对阵地上的清军进行扫射，聂士成一部腹背受敌。马玉昆部紧急驰援，与宋得胜部两面夹击，日军的攻势逐渐被打击，其指挥官桂太郎随后请求支援。

此时清军的有生力量也几乎被消耗殆尽，日军前来支援的旅团很快左右夹击了马玉昆部。见此情形，宋庆急命刘盛休部驰援，无奈被日军的先头部队分割包围，仅能到达河岸边，难以渡河支援。失去后援的马金叙等人最终不敌日军，只得退至瑷河河边。最终，大军孤立无援，在部将的劝说下，马金叙渡过瑷河撤退，鸭绿江防线彻底失守，日军乘胜占领了九连城、安东县、大东沟、凤凰城、宽甸、岫岩等地。

另一路从辽东半岛花园口登陆的日军则顺利抵达金州，沿途清军皆丢盔弃甲而逃。金州守将徐邦道自旅顺前来部署防御，但因兵力薄弱，在日军的炮轰下，不得不撤回旅顺，而驻守大连湾炮台的士兵因守将逃跑，群龙无首的情况下作鸟兽散，日军轻而易举拿下了大连和金州。如此一来，失去了屏蔽的旅顺港便暴露在了日军的炮火射程范围内。

旅顺的守将虽有七人，但只有徐邦道一人率军抵抗，统帅龚照屿早在日军派人送来劝降书的时候便乘坐鱼雷艇逃往烟台，其余将领也先后潜逃。徐邦道一人也终难螳臂当车，在与日军奋战四昼夜后，还是没能守住旅顺，十月二十二日，旅顺失守。日军占领旅顺后，随即展开屠杀。旅顺口的居民和未来得及撤退的士兵皆惨遭不幸，这场屠杀进行了四天，因此丧命者达两万余人。

旅顺失守后，藏在威海卫的北洋舰队被迫防守，北洋水师从总兵到管带皆要求出港与日军决一死战。李鸿章仍然抱着要保下舰队、极力避战的心态，既不在威海卫做积极防守，更不让水师主动出港，给丁汝昌下达的命令便是保船避战，同时还说如果违背此令，虽然战胜日军也一样治罪。

而在威海卫的守军先是不知道日军会在何处登陆，李鸿章又只把防守部队派到南、北两岸的炮台，结果就是日军从山东龙须岛成山头登陆，抄了威海卫的后路，很快占领了南、北炮台，本来防守的炮台成了对北洋水师的致命打击。各远洋舰在搁浅的情况下，仍向日军开炮，做最后的防守。

最终远洋舰弹药耗尽，丁汝昌下令各舰队炸沉军舰以免被日军得到利用。然而，听从丁汝昌命令的船员只有寥寥几人，在丁汝昌自杀后，英国顾问浩威冒充他的名义向日军缴械投降，剩余战舰皆归日军所有。至此，北洋水师全军覆没。

《马关条约》的签订

威海卫一战后，日军并没有彻底放弃对中国本土的进攻，反而乘胜进击，一直打到了山海关外。光绪帝仍然希望能再战一次，打退日军的侵略。于是撤换了屡战屡败的淮军，命湘军出战，任命刘坤一为钦差大臣，负责指挥此次东征。

但事实却让光绪帝大为失望，纸上谈兵终究抵不过一场实战，这些要求与日军拼死一战的湘军真正与日军发生遭遇战时依旧溃不成军，狼狈撤退。慈禧太后等人仿佛看了一场"热闹"，在关外接连失地的情况下，重新起复恭亲王奕䜣负责与日本方面进行和谈。

奕䜣得到谕旨后，便先后前往英国、俄国等国的公馆请求居中调停。这些国家考虑到如果日本将战线继续往前推进可能会影响到自己的既得利益，于是便答应出面调停。就日本方面来说，虽然在中国战场上节节胜利，但其国内因为战线过长，已经出现了财政难以维持和后勤无法跟上的情况，因此也同意接受调停。事情发展至此，最终的全权谈判权力便被慈禧太后交给了李鸿章。

日本对辽东半岛早有野心，因此多次暗示前来谈判的李鸿章割地事宜。李鸿章也早已心知肚明，因此还没见到日本的谈判代表，便先去拜访欧美等国驻京公使，希望他们能干涉一下。英、美等国公开拒绝，只有俄国公使虚与委蛇，表面表示愿意干涉日本，背地里却在与日本勾搭，表示如果日本能保证俄国在中国东北的权益，那么俄国便保证让日本获得对台湾的占领权。

在各国公使处碰壁后，李鸿章转而回来请求清廷能给他在谈判时拥有割让土地的权力。慈禧太后此时默不作声，光绪帝则寄希望于湘军，也不肯轻易授予他这个权力。最终在光绪二十一年（1895）三月辽东战线全面崩溃后，通过奕䜣授权李鸿章该权力。

最终，李鸿章和日方首相伊藤博文、外交大臣陆奥宗光在马关地区的春帆楼谈判。作为战败者，李鸿章尽力请求日方减少勒索，并停止攻击台湾及澎湖地区，均被拒绝。然而事情总是有转机的，就在李鸿章谈判后准备回到公寓时，路上却遭到刺杀。这件事给日本政府很大压力，生怕欧美国家因此干涉谈判，立即宣布在中国本土的日军停战。并提出了割奉天南部、台湾及澎湖列岛等地及赔付巨额军费的条款。

尽管有转机，却没能减少日本政府的勒索，谈判进行到最后，伊藤博文禁止李鸿章再申辩一句，只准说允或不允，此等屈辱可见一斑。到四月份，最终与伊藤博文签订了《马关条约》，整个条约如下：

一、承认朝鲜的独立权，并承认日本对朝鲜的控制权。

二、割让辽东半岛给日本，同时这一地区的军事据点、工厂等公用物件永远归属日本。割让台湾及其所有附属岛屿给日本，澎湖列岛也归日本所有。

三、赔偿日本军费二万万两白银。

四、增开湖北沙市、重庆、苏州和杭州四个通商口岸，并允许日本船只可沿内河驶入以上各通商口岸。

五、允许日本人在已有的各通商口岸建立工厂，产品运销内地要只按照进口货纳税，可以在内地寄存。

同时还规定，日本驻扎在境内的军队要在条约互换三个月内撤回，前提是清廷要履行所签订的各项条款。

　　就在条约签订后，英国、法国、俄国等国公使皆震惊了，尤其是俄国公使，他惧怕日本在东北站稳脚跟后会与俄国争夺在这一地区的利益，因此拉上有共同利益的法国和德国干涉日本占领辽东半岛一事。在这三国公使武力的干涉下，日本政府被迫归还辽东半岛给清朝，但作为弥补，清廷需要追加三千万两白银的"赎辽费"。

　　至此，清廷与日本的战争最终以丧权辱国和台湾等地的割让作为结局，而巨大的赔偿费用对清廷来说无疑是雪上加霜，从此国内经济更加凋敝了。

戊戌变法的序幕

甲午中日战争后，面对和日军作战的惨败，清廷付出了包括巨额赔款和割让土地在内的巨大代价。这也使得一批新的有识之士认识到改革不仅仅是在军事方面建立新的军工厂，学习外国技术就可以的。他们提出要进行一场自上而下的改革，学习日本，实行变法，才是真正的强国之道。

而以慈禧太后为首的保守派却惧怕改革动摇国本，所谓的新政改革也只是流于表面。针对军队战斗力低下这一情况，他们进行了编练新式军队和整顿财政的改革。所谓编练新军即是仿照西方练兵的方法，训练一支近代化的新式军队。接受这一任务的是受洋务派颇为赏识的袁世凯，他接管了这支以近代德国编制为参考的军队，并且聘请德国军官监督每日的训练。而面对巨额赔款，光绪帝提出了要严格把控各省在关税、厘金等方面的弊政，精简财务，并查处一些地方官吏的不法收入。早在洋务运动时清廷便有派往欧美的留学生，但一些大臣看到日本的成功后，便提出可以借鉴日本的成功经验，往日本派遣留学生，学习日本先进的改革经验。

以上改革措施只是流于表面，暂时解决了一些眼前的困难。就练兵来说，所练的新军多是由袁世凯一人负责，这支新军成了他日后晋升甚至推翻清廷和革命军谈判的"筹码"，对清朝的军事力量没有起到丝毫的作用。整顿财务收缴上来的银两也远不够赔款，可谓是杯水车薪。送去日本留学的留学生在见识了日本改革的面貌后，对清廷的旧式制度也产生了怀疑，成为一批新式知识分子，而他们也成为了日后康、梁二人进行维新变法的基础。

实际上，早在光绪十六年（1890）以康有为为首的一批知识分子就在呼吁进行维新变法。洋务派翻译的一批讲西方经济制度及一批介绍外国制度的新书让康有为认识到了西方资本主义制度的先进性，于是便借着参加乡试的机会向皇帝上书，阐述自己的变法理论。但由于地方官员的阻挠，这封在当时看起来很僭越的信并没有送到光绪帝手中。康有为也就此"沉默"，不再上书。他回到自己的家乡广州讲学，并在万木草堂结识了梁启超、陈千秋等人，他把自己在政治方面的诉求写成了《新学伪经考》和《孔子改制考》两本书，希望能吸引更多具有新式思想的人赞同维新改革，同时也希望借由孔子来减少一些阻力。

《马关条约》签订的消息传来时，康有为正在北京参加会试，他颇为愤慨，而其他举人为清廷的割地赔款也十分痛心。群情激奋之下，康有为与其他一千余名举人联名上书，条陈签订条约之种种弊端，并在条约中再次提出变法的主张，声言只有变法才是立国自强的根本。虽然这次上书依然没有被都察院呈送给光绪帝，但在当时的士人中产生了极大的影响，可谓是戊戌变法之开端，康有为的个人声望也得到了极大的提升。

昙花一现的百日维新

公车上书虽然没有成功，但康有为却高中进士，被授予工部主事一职。某种程度上他也可以接近光绪帝，可以尽情与光绪帝畅谈自己的变法思想了。但彼时的康有为并没有意识到清廷内部的复杂性，以为只要得到皇帝的支持，变法就指日可待了，殊不知真正把握实权的慈禧太后正虎视眈眈地注视着这些年轻的官员们。

为了争取变法的基础，康有为创办了《万国公报》，命自己的学生梁启超、陈千秋等人参与主笔，其主要内容是宣传西方的政治制度，将维新变法的理论阐述清楚。随后他犀利的文笔和深入浅出的论证方法被汪康年看中，彼时他在上海刚办了《时务报》，便邀请梁启超前去担任主笔。这一时期梁启超发表了很多关于变法的文章，呼吁要设置议院，效法西方，施行君主立宪制。与此同时，上海也成立了广学会、强学会等一系列介绍西方近代文化知识的学会，也是打着文化知识的幌子鼓吹变法，并创办了《强学报》，一度遭到清朝统治者的查封和抵制。但这并没有阻挡住维新思想在全国范围内的传播，各地以变法为宗旨的学会、新式学堂及各类新式报馆已经达到了三百余所。

而在朝堂内部的康有为也在积极动员，希望能争取更多的官员支持变法。在他的鼓吹下，有部分官员诸如帝师翁同龢等人便积极支持变法。但值得注意的是，这些支持变法的官员大多没有实权，多属"帝党"。

就在梁启超等人还在积极造势的时候，光绪二十三年（1897）德国方面按照甲午战争时期与日本的约定，强行将三艘军舰开入胶州湾，并迅速占领了青岛，表示要"租借"该地。这一行径宛如一颗火星直接点燃了各地维新志士的怒火，康有为也从上海赶回北京，上书光绪帝，指出此时应立即实行变法，以保国保种。接连上书了三次，终于其最后一次上书《应召统筹全局折》呈送至光绪帝面前。光绪帝对康有为上书中所言广征贤才和定宪法很是赞同，并于六月下了《明定国是诏》，维新变法正式开始。

为减少清廷内部的阻碍势力，在施行变法的时候，康有为将设议院、开国会等较为激进的政治改革给拿掉了，所以维新变法主要从经济、文化、军事三个方面开始施行。

经济方面，要求重视工商业、手工业的发展，并要求开设矿务，废除漕运、裁撤厘金制度，以保护刚兴起的资本主义产业发展。文化方面，要求废除科举中的八股取士制度，兴办新式学校，开设报馆等。同时还要求禁止女子缠足，剪掉男子的发辫，改革服饰等一系列问题。军事方面，要求以训练新式军队为主，施行全国征兵制度。以上提出的改革要求均被光绪帝采纳，并以谕旨的形式颁行全国。

这些改革措施也仅限于表面，并未涉及清朝统治者的根本，康有为也一再提醒光绪帝变法不能一股脑全部推行，需要循序渐进。尽管没有动摇所谓国本，但是裁撤冗员，精简机构也触及了一些人的利益，他们不断在慈禧太后耳边聒噪，痛斥变法。而当时下发各省的谕旨也没有很好地被执行，除了一些开明的地方官员认真执行外，大部分省的督抚都持观望态度，有的甚至抵触新法。

而慈禧太后在新法刚施行的时候就准备"拆桥"了，除了免去翁同龢的一系列职务外，还要求凡是新任职的二品以上的官员需要到太后面前请安。这些无疑给新法的失败埋下了失败的隐患，剩下的就只等慈禧太后轻轻一推。

戊戌政变：压垮新法的最后一根稻草

光绪二十四年（1898）九月二十一日，慈禧太后突然奋起，发动了政变，将光绪帝囚禁在了中南海的瀛台，同时宣布由太后"训政"，并在城中大肆搜捕以康有为、梁启超为首的维新人士，大批支持新法的官员也被撤换，有的甚至被流放。

为什么政变会来得如此之快呢？前已有言，慈禧太后早就对新法不满，但迟迟没有动手。就在光绪帝下令将阻挠礼部主事王照上书的几名官员革职后，又授予谭嗣同、刘光第等人四品官职，并任命为军机章京时，慈禧太后慌了，她生怕自己的大权被抢夺，于是将先前刚被任命为直隶总督的荣禄秘密召回，安排他调换军队，将董福祥的军队移动到京城南面的长辛店驻防。

光绪皇帝也嗅到了一丝危机，于是在九月十六日的时候紧急召见袁世凯，并授他了一个侍郎的虚衔，同时嘱托他专心练兵。同时将康有为派到上海办报，一方面是为保护他远离政局中心，另一方面也希望他能找到一些外援。

其他围绕在"帝党"周围的维新派及支持维新派的官员们皆没有实权，更没有兵权。十九日，一直在颐和园不管政事的慈禧太后回宫。这给维新派及光绪皇帝敲响了一记警钟。此刻谭嗣同唯一能想到的便是曾经参加过强学会的袁世凯，他在小站练兵，有一支将近七千人的新式陆军。于是便在九月十八日深夜前往袁世凯处，希望能说服他支持新法，支持光绪帝。袁世凯表面对这些维新派的官员唯唯诺诺，表示支持。实际上在谭嗣同走后，袁世凯便连夜赶赴天津，跟荣禄报告了维新派准备兵变的消息。如此，维新派就连最后一根救命稻草都被抽走了。

　　于是便有了二十一日的这场政变，康有为等人逃往海外，只有谭嗣同、杨锐、刘光第等人并没有逃走，被清廷抓捕，在菜市口斩首示众。这场政变之后，除了京师大学堂被保留外，其他措施全被取消，戊戌变法以失败告终。

　　但这场变法也给当时的中国社会带来了深远的影响。这一时期兴办的报纸促进了近代中国新闻出版行业的蓬勃发展，许多介绍近代新思想的书籍被出版，上海地区成立了许多近代书局。社会风气方面，禁止女子缠足、讲求文明卫生的思想深入人心。总的来说，也正是戊戌变法中各种举措的施行，给当时的中国知识分子打开了一扇窗户，使他们看到更多先进的文化，不失为一次影响深远的思想文化运动。

从义和团运动到八国联军侵华

义和团运动由来已久，其组织构成也较为复杂。除了贫苦的百姓，一些富商官绅也在其中。最初在地方上与官府相安无事，除了练拳仿佛也没有别的活动，有自己的一套教义。

但随着欧美等国家在中国不断划分通商口岸，攫取治外法权，洋人在这些城市可谓占尽了优势，一些外国教众便利用这些优势欺压当地百姓。地方官府迫于这种治外法权便不能秉公处理，而被欺负的老百姓逐渐对这些外来者产生了一种敌意。加上被迫开放的几年间，大量倾销的外国商品给当地的社会经济造成了一定的压力，从事小商品手工业的老百姓失业率上升，这是导致义和团运动的根本原因。

于是这样一场从底层兴起的反对外国教会的运动便不可避免地爆发了，义和团运动最先叫义和拳，最开始主要集中在华北和山东地区，后来随着欧美国家逐渐对中国的入侵加深而逐步发展到全国。自甲午中日战争后，广西、四川也爆发了反抗教会的农民起义，并提出了"顺清灭洋，除教安民"的口号。清廷对待义和团运动最开始是以剿灭为主，到光绪二十五年（1899）时，毓贤出任山东巡抚，看到教会对民众的欺压，便上奏建议以抚代剿，同时将武力镇压义和团运动的袁世凯等人撤职。

这一举动惹到了美国、法国等国家，他们派公使向清廷施压，慈禧太后便将毓贤撤职，改派袁世凯接任山东巡抚，高压剿灭政策再度笼罩在山东地区。这一地区活跃的义和团民众便往直隶地区发展，随后他们便打开了涿州的大门，这是义和团民众占据的第一个州城。"扶清灭洋"的口号也因此传到了紫禁城中，慈禧太后一听这帮民众起义不是为了推翻清王朝，而是为了打洋人，于是便对这帮民众推行招抚政策，到最后变成了保护义和团运动。清廷甚至向他们发放饷银，在天津的直隶总督裕禄还邀请义和团的领袖到天津开坛聚众。

这些义和团民众在直隶地区大肆烧毁架设的电线，毁坏铺设的铁轨，只要是西方外来的事物都没逃脱他们的破坏。这一系列在清廷默许下的暴乱令各国驻京公使十分费解，他们先前已经给清廷施加了压力，没想到居然不管用。于是光绪二十六年（1900），各国公使照会清廷，要求他们在两个月内剿灭义和团，不然就由他们自己派出军队代劳。而后英国等国家以保护自己的使馆为由，将战舰开至大沽口，并调集了士兵随时准备入京。其他国家也纷纷以此为由，将军队开至大沽口。

此时的京城已经乱成一锅粥，许多京城禁军也打着义和团的旗号公开抢掠商户，并随意杀害官员百姓，更有趁机公报私仇者。慈禧太后得到通报后，一度曾想解散义和团，镇压运动。但随后收到错误的照会，以为外国公使是想让他还政给光绪帝，再看光绪帝此刻的态度也是要求镇压义和团起义。于是慈禧太后一怒之下，不顾朝臣劝说，向欧美各国宣战。

英、美等国家一看这还得了，便与俄国、德国、法国等组成八国联军，大约两万余人，兵分两路，俄军、法军为右路，日军、英军和美军等为左路，从天津进犯京城。并于八月中旬抵达北仓，途中遭到清军和义和团军队的顽强抵抗，但联军利用毒气炮，释放毒气才得以顺利占领北仓。随后联军便到达北京城下，英军率先突破广渠门进入内城。

慈禧太后这才清醒过来，任命李鸿章为全权代表，向联军求和，并下令禁止京城郊外的义和团进城。但这一切都晚了，八月十三日，北京城迅速陷落，慈禧太后带着光绪帝和一些亲信趁着城内清军抵抗的空档一路西逃出京城。

虽然当权者跑了，但城中还有大量义和团民众奋勇抵抗，但武器落后的他们无一不遭到联军的屠戮。占领京城后，联军在北京城内大肆烧杀抢掠，许多房屋遭到焚毁，大量珍贵的文物再次遭到洗劫。

《辛丑条约》的签订

慈禧太后和光绪皇帝一路向西，逃至西安，李鸿章和奕劻等人被留下来同八国联军谈判。为了保证谈判顺利，李鸿章等人迅速划清了与义和团的关系，命驻扎在直隶地区的清军开始对义和团进行剿杀。

再看八国联军这边，联军是组成了，但各国私下都有自己的利益小算盘，既想保证自己在华的利益最大化，又不肯让步其他国家。日本和俄国都想取得对东北的独占权力，而日本和德国在胶州半岛又有利益冲突，所以联军注定是要四分五裂的。在四分五裂之前，他们放下了之前的争论，同意接受李鸿章为议和代表，同时向他提供了一份"议和大纲十二条"，并要李鸿章全权接受。

李鸿章战战兢兢地把这份大纲以电报形式发给远在西安的慈禧太后时，这位老太后居然全盘接受。这些欧美列强见清廷答应得如此迅速，就赔款问题和逞凶问题达成一致后，便又增加了十九个附件。其主要内容大致可以分为向各国在运动中被杀的公民道歉，惩罚不剿灭义和团运动和参加义和团运动的地方官员，赔款及外交改制四个方面：

一、清政府要派醇亲王载沣为首的专使分别去德国、日本等国为被杀的克林德公使和使馆书记生杉山彬道歉，并在他们遇害的地方立碑纪念。

二、要严厉惩办参与和在义和团运动中没有作为的官员，永远禁止中国人参加具有反帝性质的组织，违者即斩。而地方官员若在辖区内发生类似运动而不作为的，即刻革去职位，永不叙用。

三、赔偿各国白银四万五千万两白银，并以地方关税、盐税等收入作为担保，分三十九年还清，同时加上年利息四厘，合在一起共计九亿八千二百多万两。这还不包括各省应支付的两千万两的赔款。

四、在京师设立专门的使馆区，并禁止中国人在这个区域范围内居住，各国可以在此驻扎军队。从天津大沽到北京的沿线炮台都要拆除，而京师到山海关沿线的战略要地准许各国列强派兵驻扎。

五、将总理衙门改为外务部，专门负责对各国的交涉工作，且要位列六部之前。

《辛丑条约》签订后，清廷为了支付巨额赔款，将事关命脉的关税、盐税等统统拿去做了担保，如此一来发展的经济命脉便掌握在了欧美列强的手里。而允许各国在京师驻军则是直接将国都交了出去，从此清廷的一言一行都要听从欧美列强的，更是成为帮助列强镇压中国人民起义的帮凶。

清末新政和萌芽中的资产阶级革命

经过义和团运动和八国联军入侵北京一劫后，清王朝宛如一个垂垂暮年的老人受到致命一击，但还是挣扎着想生存下去，这便有了所谓的新政改革。

这些改革内容基本上是几年前戊戌变法时提出的，主要分为官制、兵制和学制改革。官制改革主要是为了适应签订《辛丑条约》时的要求，随着总理衙门的撤销、外务部的建立，又设立了商部、陆军部、民政部和学部等，并裁撤了一系列陈旧机构，并停止一切捐纳官职的行为。到光绪三十二年（1906）又宣布实行预备立宪，当然后来还没等到清廷自我立宪，便被资产阶级革命党人推翻了。兵制改革涉及裁汰多余的绿营兵、停止采用武举的方式招收武将，并建立了近代西方的兵营制度，命各省操练新军。但这些新军的长官多毕业于国内外的军事院校，具有一定新思想，士兵也并非不识字的白丁，这些编练的新军到后来反而成了革命的新生力量，成了对清廷新政莫大的讽刺。学制改革主要是停止科举考试、广设学堂和奖励游学三种。开设的学堂虽然还是以四书五经为主，以西方知识为辅，但这些受了新式教育的学生们难免对清廷的腐败统治表示唾弃，而游学更是给这些学生增加了国外阅历，反观国内所遭受的压迫，更引导他们走向了反抗的道路，这些都是清朝统治者所始料未及的。

除了以上的制度改革，清廷还鼓励民间资本主义的发展，奖励那些兴办实业的经营者，并陆续颁布了《商律》《公司注册试办章程》，并开设了户部银行。这些措施从某种意义上来说改变了工商业者数千年以来处于底层的地位，一定程度上提高了资产阶级的地位，这些奖励也仅限于口头表扬和颁行章程，并没有任何实质性的奖励。加上欧美列强对中国市场的占据，近代资本主义发展举步维艰。

在这种内忧外患日益严重的情况下，既然和平改革不能解决发展矛盾，资产阶级的革命就成了必然，于是同改革派一起酝酿于这个时期的革命派便摩拳擦掌跃跃欲试了。

他们中以孙中山、黄兴为代表的一批接受过西方新式教育的资产阶级开始结盟，中国同盟会就是在这种背景下形成的。光绪三十一年（1905），孙中山、黄兴、宋教仁等在日本讨论建立组织的问题，并最终定名为中国革命同盟会，以"驱除鞑虏，恢复中华，创立民国，平均地权"为纲领，而黄兴负责起草了同盟会的章程，并初步构想了执行、评议和司法三个部门。会后还创立了革命思想的阵地《民报》。最初参加同盟会的主要是中小资产阶级和一些新式知识分子，他们看透了近代中国的改革，选择了革命的道路。

辛亥革命的爆发

庚子赔款后的几年间，不管是改革派还是革命派，要求实行资本主义制度的呼声愈发强烈。这给了清朝统治者以危机感，为了能继续苟延残喘下去，光绪三十二年（1906），清廷宣布"预备立宪"。

但所谓预备立宪下的改革也只是修改皮毛，只是变更了一些机构部门的名称，其内核根本没有得到实质性改变，反而要剥夺已掌握军权的汉族官僚如袁世凯之流的实权，命他交出已训练成的新军"北洋六镇"中的四镇。

这种没有诚意的预备立宪改革使得各省官绅十分不满，于光绪三十四年（1908）纷纷上书请愿，要求清廷召开国会。清廷本身就是为自保统治，而没有真心实意地改革，为敷衍请愿群众，颁布了《钦定宪法大纲》《议院法选举法要领》等文件，宣布九年后正式召开国会。

但把控了四十八年朝政的慈禧太后也于这一年病逝，临走前生怕光绪帝东山再起，于是设计毒害了光绪帝。这样一来，腐朽的帝国再无可以把控它的舵手，只有载沣不满三岁的幼子溥仪被抱上皇位，改元宣统，由载沣摄政。殊不知，无论是载沣还是溥仪都已经无法挽救清王朝的危机，帝国如同即将落山的夕阳，再也无法照亮明天的山河了。

革命是从一场保路运动开始的。早在八年前，清政府曾经发布了一条名为《铁路简明章程》的上谕，说明无论是华人还是洋人只要投资便可以承办铁路，干线和支线都包括在内。虽然举步维艰，但当时的资产阶级依然积极努力自筹款项，经办铁路。

但到宣统三年（1911），清廷突然发布"铁路国有"的上谕。此谕一发，请愿的揭帖就在长沙出现了。而当时已经动工的川汉铁路在盛宣怀的强制要求下停工，这激发了当时宜昌地区的商人和民众的不满情绪，他们开始大规模集会抗议，遭到了清军的弹压，民众死伤在二十人左右。为防止再有流血冲突事件，四川咨议局的局长召集了川汉铁路股东集会，要求文明保路，参与抗议的民众也聚集到了四千余人。这种和平请愿似乎并不奏效，尽管有代表与地方官员谈判，还是被手持武器的清兵扫射，保路会会长蒲殿俊、副会长罗纶等人当场被捕。

到了九月，这场保路运动便发展到了整个四川境内，四川地区请愿保路起义的群众在同盟会的组织下发展到二十余万人，荣县还宣布脱离清政府的管控。清军为镇压四川的民变，抽调了武昌附近的兵力，造成了这一地区的兵力空虚。

这也给了身处武昌的革命党人以机会，湖北共进会和文学社的领导人孙武、刘复基、蒋翊武等人秘密联络，以武昌革命党人为口号，推举蒋翊武为总指挥，孙武为参谋长，确定了起义时间、可以参战的部队以及联系方式，甚至还讨论了战后临时政府的框架。

但计划总是百密一疏，十月八日蒋翊武被抓捕，虽然侥幸逃跑但为了不暴露他也不敢回去，而第二天，孙武为了制造炸弹又被炸伤。自从蒋翊武被捕，军营中风传要搜捕革命党人，随后各种流言传播开来，为了稳定军心，湖北新军中的工程营后队正目熊秉坤等人决定提前起义，又将吴兆麟拉入伙，起义就这样于十月十日夜里悄然打响。

武昌起义和清王朝的覆灭

　　到宣统三年（1911）十月十一日凌晨，湖北新军的革命者在湖北咨议局商讨组建湖北军政府等相关事宜。他们首先推举了一批议员，随后说到如何稳定湖北新军的军心时，吴兆麟提议由黎元洪为都督，虽然有部分革命党人心存异议，但同盟会的领袖无人在武昌而前期推举的领袖负伤的负伤、出逃的出逃，一时也找不出比黎元洪更具威望的人了。

　　达成一致后，他们准备好早已拟定的安民布告，替黎元洪签了字，并将他推上了都督的位置。黎元洪就这样被推上了历史转折的风口浪尖上，尽管他本人胆小怕事，但以他的名义签署的《中华民国军政府鄂军都督黎布告》发布后，武汉的街头巷尾充满了激动的喝彩声。同时又以黎元洪的名义发布一系列号召各省响应的电文，南方各省纷纷响应。

　　这时的清廷所依靠的只有袁世凯，袁世凯便以迅速实行君主立宪要求清政府同意，同时也作为谈判条件希望与武昌的革命党人达成共识。就这样袁世凯出任内阁总理，担负起了"招安"革命党人的重任。武昌方面同盟会的领袖皆已到齐，黄兴亲自担任战时总司令，与前来围剿的清军在汉口展开激战。

　　但由于革命党人武器装备不足，军队训练不够，汉阳失守了，袁世凯也到达武昌，革命党人为了保住胜利的果实，对袁世凯有所期许，先后有过承诺，他如果能帮助推翻清帝，则任命他为共和国第一任总统。袁世凯当时并未做出任何回应，此时革命的火焰越烧越旺，四川、重庆等西南地区也先后宣布脱离清政府，成立军政府。

　　袁世凯也是个颇为识时务的人，见清朝大势已去，便有了取而代之的想法。十一月二十二日又得到了同盟会领袖孙中山让位的亲口保证，于是便开始活动清廷最后的掌权者奕劻和那桐，以钱财利诱之，又恐吓隆裕太后，故意夸大革命军的气势，以保命有优待为条件逼清帝退位。对于南方的民国临时政府，袁世凯始终觊觎总统之位，加紧了南北和谈的进程。

　　和谈主要围绕着选举临时大总统和请求清帝退位后的优待条件两个部分展开。临时大总统不出意外地选举了孙中山，但袁世凯在背后虎视眈眈，以代表清帝谈判作为威胁，大有"你们不把总统之位让给我，我就不给你们劝清帝退位"之意。在这种情况下，革命党人为了达成和解，只得同意拥戴袁世凯为总统。

　　就这样，宣统这个年号没有用到第四年，便被隆裕太后的一纸退位诏书永远地盖在了1911年，清朝这艘破烂不堪、千疮百孔的大船终于行驶到了尽头，也为中国的千年帝制画上了一个并不圆满的句号。

1583年　努尔哈赤正式起兵，反抗明朝

1616年　努尔哈赤统一女真族，建立后金政权

1626年　努尔哈赤驾崩，皇太极继位为大汗

1635年　皇太极改族名为"满洲"

1636年　皇太极称帝，定国号为"清"

1643年　皇太极驾崩，顺治帝福临继位，多尔衮开始摄政

1644年　山海关破，顺治帝入关登基，清朝定鼎北京

1661年　顺治帝驾崩，康熙帝玄烨继位

1669年　康熙帝扳倒权臣鳌拜

1673年　三藩之乱爆发，康熙帝下令平叛

1681年　三藩之乱告终

1683年　收复台湾

1685年　中俄雅克萨之战

1689年　《尼布楚条约》签订，厘清中俄东北边境

1690年　康熙帝第一次亲征噶尔丹

1695年　康熙帝第二次亲征噶尔丹

1708年　康熙帝第一次废黜太子胤礽

1709年　太子胤礽复立

1712年　康熙帝第二次废黜太子胤礽

1722年　康熙帝驾崩，胤禛继位，是为雍正帝

1723年　开始实行摊丁入亩的土地政策

1735年　雍正帝驾崩，乾隆帝弘历继位

1736年　平定苗疆叛乱

1749年　第一次大小金川之战结束

1759年　平定大小和卓叛乱

1775年　第二次大小金川之战结束

1796年　乾隆帝退位成为太上皇，嘉庆帝颙琰继位

　　　　川楚白莲教之乱爆发

1799年　嘉庆帝亲政

　　　　处理和珅贪污案

1804年　平定川楚白莲教之乱

1820年　嘉庆帝驾崩，旻宁继位，是为道光帝

1839年　虎门销烟

1840年　第一次鸦片战争爆发

1842年　清朝战败，签署《南京条约》

1850年　道光帝驾崩，咸丰帝奕詝继位

1851年　太平天国起义爆发

1856年　第二次鸦片战争爆发

1860年　清朝战败，签署《天津条约》《北京条约》等一系列不平等条约

1861年　咸丰帝驾崩，同治帝载淳继位

　　　　洋务运动开始

1864年　太平天国起义失败，洪秀全去世

1874年　同治帝载淳驾崩，光绪帝载湉继位

1884年　中法战争

1894年　中日甲午战争

1895年　清朝战败，签署《马关条约》

　　　　洋务运动宣告失败

1898年　戊戌变法

1900年　义和团运动爆发

　　　　八国联军侵华战争，清朝战败，签署《辛丑条约》

1908年　慈禧太后与光绪帝先后去世，宣统帝溥仪继位

1911年　辛亥革命爆发

1912年　清帝退位诏书颁布，清朝灭亡